AF144061

Wilh Böckmann

Reise nach Indien

Aus Briefen und Tagebüchern zusammengestellt

Wilh Böckmann

Reise nach Indien
Aus Briefen und Tagebüchern zusammengestellt

ISBN/EAN: 9783744633086

Hergestellt in Europa, USA, Kanada, Australien, Japan

Cover: Foto ©Andreas Hilbeck / pixelio.de

Weitere Bücher finden Sie auf **www.hansebooks.com**

Reise nach Indien

aus

Briefen und Tagebüchern zusammengestellt

und meinen Freunden

insbesondere *[handschriftlich] seinem Freund H. Tugger*

[handschriftlich] in Erinnerung an die schönen Tage in Karlsbad

gewidmet vom Verfasser

[handschriftlich] Berlin, im Mai 1897   Wilh. Böckmann

———— • • ————

Berlin 1893.

Unter Vorbehalt aller Rechte als Manuskript gedruckt.

Vorwort.

Fast sieben Jahre sind verflossen, seit ich meinen Freunden und Gönnern die Aufzeichnungen zugängig machte, die das Ergebniß einer Reise nach Japan und um die Erde waren. Wenn ich auch einen großen Theil des Lobes und Dankes, der mir dafür geworden, auf Rechnung der Höflichkeit und liebenswürdigen Nachsicht meiner Freunde setze, so darf ich doch wohl annehmen, daß ich vielen derselben eine Freude dadurch bereitet habe.

Nun stehe ich wieder am Ende einer großen Reise — nicht so bedeutend wie jene und nicht mit dem Hintergrunde einer großen, zu lösenden Aufgabe, aber in ein Land, das ich mir nach meiner Neigung gewählt habe.

Auf jener ersten Reise berührte ich auch Ceylon. Ich habe darüber berichtet, nur kurz, denn der Aufenthalt betrug kaum zwei Tage. Aber gerade dies ließ mich unbefriedigt, und schon damals entstand der Wunsch und auch der Entschluß, mehr von diesem grünen Eiland, der angeblichen Wiege der Menschheit, und das Wunderland Indien zu sehen.

Es bedurfte nur eines Anstoßes, diesen Entschluß zur Ausführung zu bringen und dieser ward mir, als ich einen gleich gesinnten und gestimmten Reisegefährten in meinem Freunde, dem Rittergutsbesitzer und Rittmeister a. D. Herrn Kiehn, fand. Getreulich und brüderlich haben wir auch bis zur letzten Stunde, der Rückkehr nach Berlin, alle Freuden und Leiden, alle Genüsse und Entbehrungen der dreimonatlichen Reise getheilt. Für den Anfang der Reise kam uns trefflich zu statten, daß wir uns Herrn Oldemeyer aus Calcutta, einem gewiegten Kenner indischer Verhältnisse, anschließen konnten.

Nach alter Gewohnheit habe ich auch diesmal jede freie Stunde, in der ich nicht ganz erschöpft war, und namentlich die schöne Muße der langen Seefahrt benutzt, um die empfangenen Eindrücke niederzuschreiben.

Werde ich damit meinen Freunden wieder dieselbe Freude machen können? Unrecht von mir würde es sein, es nicht zu versuchen, wenn auch nur die Möglichkeit vorläge. Mehrere derselben haben mir gesagt: „Sie sind uns den Schluß Ihrer Japanischen Mittheilungen schuldig geblieben." Ganz richtig! Ich habe aber damals auch kein „Buch" geschrieben und die Geschichte war auch faktisch noch nicht zu Ende.

Heute kann ich die Gelegenheit benutzen, in einem Anhange das Verlangte nachzuholen.

Auch dies mal darf man kein „Buch" von mir erwarten, sondern nur lose Tagebuchblätter — Eindrücke, die ich soviel wie möglich unmittelbar, nachdem ich sie empfangen, wiederzuspiegeln versucht habe.

Berlin, im Februar 1895.

W. Böckmann.

Inhaltsverzeichniß.

Nach Indien.

Im Jahre 1880 reiste ich über Neapel, diesmal über Genua, damals mit dem französischen Dampfer „Natal", heute mit dem Dampfer „Bayern" vom Norddeutschen Lloyd durch den Suez-Canal nach Colombo auf Ceylon. Damals wie heute habe ich über die empfangenen Eindrücke und über meine Erlebnisse während der Seefahrt regelmäßige, fast tägliche Aufzeichnungen niedergeschrieben; dies Mal stehe ich aber davon ab, sie in ihrem vollen Umfange dem Drucke zu übergeben. Der Unterschied in der Schilderung dürfte zu gering erscheinen, und Wiederholungen ermüden. Ich berichte daher über meine Reise nach Colombo nur auszugsweise.

Die „Bayern" ist ein schönes stolzes Schiff, an Größe nicht hinter der „Natal" zurückstehend, die innere Ausstattung, namentlich der Salons, noch weit luxuriöser. Unsere Reisegesellschaft bestand etwa zur Hälfte aus Deutschen, zur Hälfte aus Engländern und Amerikanern. Dank den liebenswürdigen Eigenschaften und der Unterhaltungsgabe unseres wackeren Capitains, des Herrn Engelbart, bildete sich bald ein angenehmes gesellschaftliches Verhältniß, das alle Passagiere ohne Ausnahme umfaßte, ein Umstand, der die Reise, im Gegensatz zur früheren, außerordentlich angenehm machte.

Ein Spiel, das sogenannte „Schüffelbord", wurde je länger desto leidenschaftlicher vom Morgen bis zum Abend von der ganzen Gesellschaft, Damen und Herren, in wechselnden Parthien gespielt und gewährte die so nothwendige körperliche Bewegung. Personen, die, um sich die letztere zu schaffen, von einem Ende des Decks zum andern wie ein Bär im Käfig auf und ab rannten, gab es dieses Mal nicht.

Das Spiel besteht darin, daß man kreisrunde Holzplatten von der Größe eines Desserttellers mittelst einer Art Schaufel nach einer auf den Boden gezeichneten Tafel schiebt, die ein verschmitzt arrangirtes Nummern-System mit + und — aufweist. Der Capitain mußte den Schiffszimmermann in Thätigkeit setzen, um den wachsenden Bedarf an Requisiten zu schaffen; er mußte auch selbstthätig eingreifen, wenn die Personenzahl nicht stimmte.

Die Stadt Port Said fand ich in den 7 Jahren sehr zu ihrem Vortheil verändert; mehrere bedeutende Bauten waren entstanden oder noch im Entstehen begriffen. Dagegen war es mit der „Sack-Conjunktur", wie ich damals schon vorahnend andeutete, gänzlich zu Ende. Keiner der netten braunen Bengel stolzirte mehr in dieser originellen Tracht mit der aufschablonirten Adresse und dem Namen des Eigenthümers umher; die Ventilationsöffnungen waren gewiß mit der Zeit zu groß geworden und hatten das ganze Kleidungsstück umfaßt. In schnöde Lumpen aller Art gehüllt, kauerten sie zähneklappernd herum und schienen nur warm zu werden, wenn sie im Wasser untertauchten, um die hineingeworfenen kleinen Münzen aufzufischen.

Ich beschrieb im Jahre 1880 auch den damaligen Zustand des Suez-Canals. Inzwischen ist nun an der Verbreiterung desselben gearbeitet worden, und mein letztes Tagebuch enthält darüber Folgendes:

Suez, den 29. November 1882.

Die erste Strecke des Canals, ungefähr so weit der See Menzaleh reicht, ist seit meiner letzten Reise auf die Breite für zwei große Schiffe gebracht worden. Die Tiefe ist jedoch noch nicht hinreichend, so daß, wenn sich zwei Schiffe begegnen, eines derselben nahe am Ufer festgelegt werden muß. Dies Mal konnten wir auch die Nacht durchfahren. In gewissen Intervallen brannten am rechten Ufer rothe, auf dem linken grüne Gas-Lichter. Diese Markirung der Fahrstraße ist auch auf den Seen beibehalten. Auf dem Timsah-See, durch welchen die Fahrstraße in einem größeren Bogen auf Ismailia zuführt, gewährte diese Illumination einen herrlichen Anblick. Die Sonne war tiefroth untergegangen, der spiegelklare See erschien wie in ihre prächtigen Farben getaucht. Der elektrische Scheinwerfer unseres Dampfers verwandelte den aufsteigenden Dunst in eine schleierartige leuchtende Wolke. Der Mond ließ es sich auch nicht nehmen, mitzuthun, und in der Ferne tauchten die Leuchtthürme und Lichter Ismailias auf. Das Gesammtbild wirkte wahrhaft feenhaft, wie ein äußerst gelungener Theater-schlußeffekt. Entzückt von dem Anblick, den wir bis zum Erlöschen des letzten Glanzes genossen, zogen wir uns dann in unsere Cabinen zurück. Aber Schlaf haben wir nicht viel genossen; wir fuhren zwei Mal fest und es dauerte stundenlang, bis wir wieder loskamen. Während der Zeit war ein Höllenlärm auf dem Deck. Taue mußten an Lande befestigt und durch die Schiffswinden angeholt werden. Die Schraube arbeitete mit 300 Pferdekräften, bald vor-, bald rückwärts, dazwischen die Commandorufe und die schreiende Unterhaltung mit den am Ufer beschäftigten Arbeitern, das fortwährende Getrampel auf dem Dach meiner Deck-Cabine — das ging auch über mein Schlafvermögen.

Meine früheren Mittheilungen aus Aden muß ich durch folgenden Auszug aus meinem Tagebuch berichtigen:

Aden, den 2. Dezember.

Ich habe das Leben und Treiben hierselbst schon früher geschildert, es ist fast genau dasselbe geblieben; doch fand ich dies Mal nicht nur einen, sondern eine ganze Anzahl Stutzer mit den braunen Flammenperrücken. Offenbar sind dieselben stark in Mode, und ich muß eine damals gemachte Angabe dahin berichtigen, daß dieser imposante Kopfschmuck nicht von allzu häufigem Aufenthalte im Wasser herrührt, sondern künstlich durch Auflegen eines Kalkbreis erzeugt wird. Wir sahen denn auch eine Anzahl Köpfe, auf denen der große Haarwust mit einer weißen Kruste bedeckt war, bei anderen waren nur einige weiße Klecksse von angetrocknetem Brei vorhanden, offenbar hatten da die Mittel nicht gereicht, oder sollte vielleicht eine neue Mode eingeführt werden?

Einige neue bedeutende Häuser sind am Hafen entstanden. In der Stadt Aden lassen verschiedene Parzellirungen und Speculationsbauten deutlich die Spuren der fortschreitenden Kultur erkennen. Auf den verschiedenen Plätzen hat man Versuche mit der Anpflanzung von Palmen und anderer Tropengewächse gemacht.

Im Hafen liegt das Wrack eines eisernen französischen Dampfers, der von einem andern Dampfer vor einem Jahr in den Grund gebohrt wurde.

.   .   .

Im Allgemeinen begünstigte uns das Wetter sehr auf unserer Fahrt. Im Mittelländischen Meer und hinter Aden hatten wir allerdings einige stürmische Tage und es kam einmal vor, daß ich und Freund Riehn mit den Schiffsofficieren allein von der table d'hote profitiren konnten. Sonst war das Wetter immer ruhig und ausnahmsweise kühl. Der Nordwind begleitete uns fast bis Aden, erst dann machten sich die Tropen geltend, und die weißen leinenen Anzüge kamen zum Vorschein.

Nach 19tägiger Seefahrt, vom 21. November bis zum 10. Dezember, kamen wir vor Colombo an.

Motto einer in Elfenbein geschnitzten, mit Perlen verzierten Dachdeckel im Tempel zu Kandy.

Ceylon.

Colombo, den 10. Dezember 1892.

Am 10. Dezember Mittags 1 Uhr lag Colombo vor uns, ein langgestrecktes flaches Eiland. Die Palmenhaine treten stellenweise bis ans Ufer heran. Die hohen Berge, welche die Mitte der Insel einnehmen, grenzen sich als kaum sichtbare, feine blaue Sylhouette vom fernen Horizont ab.

Wir sahen zu unserer Freude, daß zwei deutsche Kriegsschiffe im Hafen lagen, die Kreuzerfregatte „Leipzig“ und die Kreuzerkorvette „Alexandrine“. Natürlich begrüßten wir uns gegenseitig aufs freudigste.

Als ich zum letzten Mal hier einlief, herrschte dunkle Nacht und die See war stürmisch. Die zahllosen dunklen Gestalten, die sich in ihren schwankenden Kähnen an unser Schiff herandrängten und sich wegen der Passagiere und ihres Gepäcks zu balgen begannen, schreckten mich damals ab, sogleich ans Land zu gehen. Dies Mal vollzog sich alles in Ruhe und Ordnung. Der Manager des Grand Hotel Oriental war selbst an Bord gekommen, um uns in Empfang zu nehmen. In einer Dampfbarkasse wurden wir ans Land gebracht und dann in das glänzende Hotel geführt, wo wir jeder ein luftiges Zimmer, wie früher, unmittelbar unter den lose eingehängten Dachpfannen, bekamen.

Wir besuchten sofort den Deutschen Consul Herrn Freudenberg, den ich noch von früher kannte. Zu heute Abend 7 Uhr sind wir zu einem Gala-Diner, welches zu Ehren des Deutschen Geschwaders gegeben wird, eingeladen. Dann machten wir eine große Rundfahrt durch die vornehmsten Quartiere und die Cinamon-Gardens, eine ehemalige Zimmt-Plantage. Ich wußte garnicht, wie mir wurde, ich glaubte im Traum zu leben. Die Landschaft, die Leute und ihr Treiben, die Jinrikishas, am meisten aber der eigenthümliche Duft der tropischen Landschaft, Alles erinnerte mich so lebhaft an meinen so interessanten Aufenthalt in Japan, daß ich in eine eigenthümliche Gemüthserregung gerieth. Abends im Hotel ein

KANDY
Fassade zum Tempel

splendides Diner unter den bekannten Punkas. Fast die ganze Reisegesellschaft der „Bayern" fand sich hier zusammen, und der Abschied war ein recht herzlicher. Es ist natürlich, daß ein so enges Zusammenleben, wie das auf einem Schiffe, die Menschen rasch und eng an einander fesselt. Hier war aber das Verhältniß ein besonders angenehmes gewesen, denn selbst die anfänglich sehr zurück-haltenden Engländer und Amerikaner waren schließlich aufgethaut und hatten sich durchaus der Gesellschaft angeschlossen.

Die Temperatur ist nun mit einem Male tropisch geworden; wir konnten kaum erwarten, bis es uns möglich war, unser Gepäck zu öffnen und uns in die leichtesten weißleinenen Gewänder zu werfen. Hier sieht man kaum einen dunklen Anzug, sowohl bei den Europäern, wie bei den Eingeborenen; daß letztere über-haupt das Kostüm fast ganz sparen, ist bekannt. Wir bestellten uns auch sofort noch je zwei ganz leichte Anzüge aus englischer Seide, bezw. aus hellem Alpaka und sonstige sommerliche Gebrauchsgegenstände.

Bei meiner letzten Reise habe ich deshalb von Colombo so wenig gesehen, weil ich nach Kandy fuhr. Ich finde, es lohnt sich sehr der Mühe, hier recht viel nachzuholen. Colombo ist eine großartige Schöpfung kolonialer Strebsamkeit; man merkt so recht, daß Saft und Kraft im Ganzen lebt. Wie beneide ich die Engländer um solche Wirksamkeit, um solche Erfolge, und doch habe ich hier noch lange nicht den Höhepunkt der Entwickelung Indiens vor mir.

Kandy, den 13. Dezember.

Am 10. d. M. sandte ich die letzten Tagebuchblätter ab; seitdem war unser Thun und Treiben so vielseitig und hastig, daß ich bis heute zum Schreiben nicht kommen konnte.

Am Nachmittage des Tages unserer Ankunft in Colombo machten wir noch zu Wagen einen Ausflug an der Nordseite des Meeres entlang. Wir passirten dabei die ältesten Theile der Niederlassung der Eingeborenen. Hütte reiht sich dort an Hütte, mehr als eine Stunde weit. Meist liegen dieselben unter Palmen und Musen fast versteckt; ziemlich ausgedehnte Palmenpflanzungen ziehen sich bis dort an den nahen Meeresstrand hin. In einer der letzteren wurde uns eine riesengroße Landschildkröte gezeigt, die schon 150 Jahre auf Kosten des britischen Gouvernements erhalten wird. Zu Hause angekommen, hatten wir Eile, uns (trotz 22° R.) in Frack und weiße Binde zu werfen, um der Einladung des Deutschen Consuls Freudenberg zu folgen, der zu Ehren der Deutschen Flotte ein Diner gab. In dem großen, weiten, luftigen Bungalow (Landhaus), inmitten eines herrlichen Palmengartens, versammelte sich eine glänzende Gesellschaft, der Admiral von Pawelsz, die Kommandeure der beiden Kriegsschiffe, Korvetten-Capitain von Frantzius u. s. w. Ich habe mich mit diesen und den Offizieren, Capitain-Lieutenant Neitzke, Buchholz, Graf von Platen, Sawatzki trefflich unterhalten.

Auf das Diner folgte ein „Bierabend" für die junge Deutsche Welt Colombos. Die Damenwelt war dabei schwach vertreten, im Ganzen waren nur vier verheirathete Frauen anwesend, der ganze Bestand in Colombo; wären ihrer mehr gewesen, so hätten wir gewiß getanzt, denn an Claviervirtuosen, auch

Sängern fehlte es nicht. Die Frau des Hauses weilt zur Zeit mit ihren Kindern, die in der Heimath erzogen werden sollen, in Wiesbaden.

Erst gegen 2 Uhr früh am Sonntag kamen wir nach Hause. Die Folge dieses Festes war eine Einladung der Offiziere der „Alexandrine" zum „Tiffin", d. h. zum angloindischen Frühstück an Bord ihres Schiffes, und wer weiß, was sich noch daraus entwickelt haben würde, wenn wir nicht „gestoppt" hätten. Zum Zwecke von Festessen waren wir ja nicht nach Colombo gekommen. Nach dem höchst interessanten und amüsanten, aber etwas anstrengenden Tiffin machten wir eine Spazierfahrt die Südküste entlang bis nach „Mount Livinia", der ehemaligen Sommer-Residenz des Gouverneurs; jetzt befindet sich dort ein Gasthaus, das von einem deutschen Manager Namens Enk trefflich verwaltet wird.

Diese Tour führte uns durch vornehme Niederlassungen. Ueberhaupt wohnen im Süden der Stadt die besser situirten Europäer und viele der vornehmeren Half-Casts (Mischlinge seit der Portugiesen-Zeit). Die Cinamon- (Zimmt-) Gärten, die ehemals dem Gouvernement gehörten, ein Areal, wohl so groß wie der Thiergarten in Berlin, sind jetzt in eine Villenanlage größten Stils verwandelt. Es wäre eine verlockend schöne Gelegenheit, dort unter den alten herrlichen Bäumen zu bauen — wie arm sind wir doch in Berlin in dieser Hinsicht!

Abends waren wir zum Diner beim Oesterreichischen Consul Herrn Schnell. Es würde mich zu weit führen, alle Erlebnisse im Einzelnen zu beschreiben.

Am nächsten Morgen hätten wir früh um 7 Uhr nach Kandy fahren sollen, aber wir konnten doch unmöglich bis dahin gepackt haben, und so wurde es Nachmittags zwei Uhr, ehe wir zur Eisenbahn kamen. Die Gebirgsfahrt nach Kandy habe ich in meinen früheren Aufzeichnungen beschrieben; wir langten in der Dunkelheit hier an und stiegen in einem Boarding-House, Florence Villa des Herrn Campbell ab, in einem großen Bungalow, der auf einem dem See zugeneigten, mit allen Arten von Palmen bepflanzten Abhange gelegen ist. Wir sind hier trefflich untergebracht.

Alles was mich umgiebt, ist fremdartig und schön; mein Blick schweift durch das weit geöffnete Fenster unter den Palmendächern hin. Zwischen den glatten Felsblöcken in dem hügligen Rasen sind Sträucher mit grellfarbigen Blättern verstreut, welche die Blumen ersetzen. Die grellrothe und tiefbraune Farbe herrscht vor. Im Mittelpunkt zieht sich ein blinkender Wasserstreifen hin, der künstliche aber schon Jahrhunderte alte, durch eine Thalsperre erzeugte See von Kandy. Dahinter erheben sich waldige Hügel, an deren Abhang ein origineller langgestreckter Bungalow eines reichen Half-Cast hervortritt.

Das Wetter ist prächtig, etwa 16° R, dabei geht ein merklicher Lufthauch, so daß die Baumkronen traulich rauschen. Ich sitze in einer weiten luftigen, aber gänzlich schmucklosen Halle. Auf dem Dach über mir höre ich ein Gekrabbel kleiner Thiere; wahrscheinlich sind es Eidechsen von übergewöhnlicher Größe, die auch die glatten Baumstämme mit erstaunlicher Schnelligkeit hinauf- und heruntergleiten. Meine Reisegefährten und auch die übrige Hotelgesellschaft ist auf den bequemen Liegestühlen und Ruhebetten eingeschlummert, da darf ich mir wohl auch noch einige Augenblicke der Ruhe gönnen, bevor das Tam Tam zum Diner ruft.

Den 11. Dezember.

Heute haben wir die Umgebung Kandys besichtigt. Auf dem sogenannten Lady Mac-Carty's Road, einem spiralförmig ansteigenden Wege, fuhren wir um einen Hügel, der an der Nordseite Kandy überragt und ganz mit tropischem dichten Wald bedeckt ist. Die etwa eine deutsche Meile lange Straße ist vortrefflich gehalten, aber kein Mensch, kein Fuhrwerk begegnete uns. Erst auf dem Wege, der wieder ins Thal führt, nahe bei Kandy, stießen wir auf einige Ansiedlungen. Diese Kunststraße ist also lediglich zu Promenadenzwecken geschaffen. Eine erstaunliche Leistung — wer bezahlte das? Wir hatten mehrere prächtige Durchblicke auf die waldbewachsene romantische Umgegend, sonst war der Wald so dicht, daß man sich hätte einen Weg durchbauen müssen, um in ihn einzudringen. Einige Reisfelder, Cacaopflanzungen und Bananenplantagen unterbrachen tiefer unten das tropische Waldgewirre. Schließlich kamen wir zu einer Brücke, die über den Mahawih Ganga (Ganga bedeutet Fluß) führt. Obgleich sein Lauf hier, nach der Karte gemessen, eine Länge von nur etwa 20 englischen Meilen haben kann, ist derselbe doch schon von der Stärke der Elbe bei Dresden. Drei mächtige Joche eines eisernen Gitterträgers überspannten ihn, und als wir grade in der Mitte waren, kam uns bedächtigen Schritts ein colossaler Elephant entgegen, wie ich ihn größer nie gesehen hatte. Er trug in seinen gewaltigen Hauern zwei Baumstämme, deren Länge nach der Breite der Brücke bemessen schien, denn wir mußten uns hart an das Gitter drücken, um das Ungethüm und seine Last vorbei zu lassen. Wir folgten ihm; unsere Wagen hatten wir vor der Brücke stehen lassen. Der schlaue Elephantenführer machte sich das Interesse, welches wir bekundeten, zu Nutze und ließ den Elephanten hinter der Brücke die Stämme niederlegen, obgleich dies nicht ganz ohne Umstände ging, da einer der Zähne des Elephanten durch den Stamm gestoßen war. Dann ließ er den Thierriesen seine Dressur zeigen, wofür wir ihn schließlich mit einem Silberstück belohnten. Wie sauber und gemüthlich der Kerl war und welch' gesunde Gesichtsfarbe er hatte, gelb bis orangeroth. So etwas sieht man bei uns nicht.

Einen seltsamen Gegensatz zu dem mit majestätischer Würde einherstolzirenden Elephanten bildete ein zweirädriges Gefährt, welches bald darauf, mit einem Rennstier bespannt, in vollster Karriere an uns vorbei jagte. K. meinte, daß die Schnelligkeit eines solchen Stiers nicht hinter der eines guten Wagenpferdes zurückbleibe.

Daß es auch hier mit den Schlangen noch immer etwas auf sich hat, sahen wir bei unserer Rückkehr nach Kandy. Ein Hindu schleppte eine große Schlange, die gewiß 10—15 Pfund wog, an einem Bindfaden, den er ihr um den Hals gebunden hatte, hinter sich her über den Marktplatz, natürlich gefolgt von einer Schaar von Jungen. Als er uns begegnete und wir seine Jagdbeute uns anzusehen Miene machten, hielt er still, ließ die Schnur sich etwas lockern und klopfte mit einem Stöckchen der Schlange auf den Kopf, worauf diese den Rachen aufsperrte und ihre Giftzähne sehen ließ. Merkwürdiger Weise forderte der Mann von uns keinen Backschisch; wahrscheinlich war ihm im Augenblick die Belohnung wichtiger, die er für die Tödtung dieser Schlange vom Ortsvorsteher zu bekommen hatte, und im Gefühl des zu erwartenden Reichthums mochte ihm ein etwaiges Trinkgeld gering erscheinen.

Zum Schluß unserer Excursion — es war schon ziemlich dunkel geworden — traten wir noch in einen buddhistischen Tempel ein. Ein wüster Lärm von Trommeln und Pauken empfing uns, um Buddha oder die Priester auf die ein hohes Trinkgeld verheißenden Gäste aufmerksam zu machen. Auf letzteres war Alles zugeschnitten; vor dem sogenannten Allerheiligsten, einer Art von Uniraß, der mit Geldstücken und falschen Juwelen behangen war, wurde uns die Schüssel zum Backschisch hingehalten, und so ging es fort, bis wir uns mit sanfter Gewalt aus dem bettelnden Volk herausdrängten. Sonst ist die Bettelei hier auf der Straße nicht gerade unerträglich, nicht annähernd so lästig wie z. B. in Italien und Cairo.

Heute früh haben eine der gestrigen ganz ähnliche Fahrt auf einen Berg westlich von Kandy gemacht. Der Weg endigt bei einer Thalsperre, die einen See bildet, aus welchem Kandy mit Trinkwasser versehen wird. Hieran schloß sich eine Fahrt durch die Stadt zu dem Governor-Palace, einem ganz modernen umfangreichen Gebäude. Wir traten nicht in dasselbe ein, sondern besahen nur den prächtigen Park mit dem „Lady-Hattonswalk", einem berühmten Promenadenweg. Ich würde davon gern noch etwas mehr erzählen, wenn mich die Fliegen in Ruhe ließen. Gern möchte ich z. B. eine Thee- und eine Cacao-Pflanzung schildern nebst ihren Anlagen und Vorrichtungen zur Herstellung der fertigen Erzeugnisse, die wir besichtigten. Aber ich habe auch Rücksicht auf meine Reisegefährten zu nehmen und darf dieselben nicht zu lange und zu oft auf mich warten lassen.

Das Wetter ist unbeschreiblich herrlich und angenehm. Mittags vielleicht 20° R, in der Nacht 14—16° R. Ich nehme Morgens ein Bad von naturkaltem Wasser in einer gemauerten Wanne bei offenem Fenster.

Für den heutigen Nachmittag haben wir eine Wagenfahrt auf dem rechten Ufer des Mahiwili nach einer Cacaoplantage geplant; auf dem linken Ufer erstreckt sich der berühmte botanische Garten von Peradenya. Es ist dies einer der interessantesten Wege der ganzen Umgegend.

Nuwarra Eliya, den 16. Dezember.
(engl. Bezeichnung: New-Aurelia.)

So wären wir denn endlich an dem Hauptziel unserer Reise in Ceylon angelangt. 6XXX Fuß über dem Meere gelegen, erinnert dieser Ort nur wenig mehr an die Tropen. Freilich wachsen noch an den Wegen Cactus und andere südländische Pflanzen, aber die Gegend zeigt hier bereits einen fast nordischen Charakter. In einem weiten Thalkessel, auf einer geringen Erhebung in demselben, liegt das „Grand Hotel", in dem wir Unterkunft gefunden haben. Wie hoch die umgebenden waldigen Berge sind, kann ich nicht sagen, denn sie schwimmen in Nebel und Regenwolken; der Donner rollt von Ferne, es ist ein Gewitter im Anzuge. Unser Hotel ist nur insofern „Grand" zu nennen, als es in der That einen großen Flächenraum bedeckt; sonst ist es ein überaus einfaches, durchweg einstöckiges Etablissement, in seiner technischen Ausführung nicht vollendeter als ein schweizerisches Gebirgshaus, an welches es auch durch die helle Täfelung der aus Naturholz hergestellten Decken und Wände erinnert.

Allerdings ist im Drawing Room englischer Comfort und Luxus entfaltet, auch flackert hier und im Rauchzimmer in großen Kaminen ein tüchtiges Feuer. Heute wäre dies freilich für meine Person nicht nöthig, ich finde die Temperatur noch ganz behaglich — aber die verwöhnten Bewohner der Tropen, die mit uns heraufgekommen sind, suchen das Feuer eifrig auf. Es soll hier um diese Jahreszeit zuweilen Reif und sogar Schnee fallen; nach der Flora zu urtheilen, kann dies aber nicht schlimm werden.

Unser Gepäck, welches uns von Nana Nova, wo wir die Eisenbahn verließen, um mit der Post hierher zu fahren, auf Ochsenkarren nachgefahren wird, dürfte wohl noch eine Weile auf sich warten lassen, und so habe ich mich in mein Zimmer zum Schreiben zurückgezogen.

Es ist mir ganz heimathlich zu Muthe in meinem Schweizer Zimmer, dem es selbst an einer Art von Heiligenbildern und an einem Heiligenschrein nicht fehlt; dazu das seit lange entbehrte Regengeplätscher, die angenehm kühle Temperatur, Alles stimmt mich sehr behaglich. Der Contrast gegen die letzte Zeit macht sich, da er so schnell eingetreten ist, in der That stark bemerkbar.

Die Reise hier herauf, die von 10 Uhr früh bis Nachmittags gegen 6 Uhr dauerte, und die zumeist in einem sehr eleganten Salonwagen, wie wir ihn zu Hause nur selten finden, zurückgelegt wurde, war sehr interessant und hat mir manches zu denken gegeben.

Die Eisenbahn folgt im Wesentlichen dem Lauf des Wahawili, der in Kandy ein breiter, ruhig zwischen hohen Lehmufern rinnender Fluß ist, sich aber mehr und mehr zu einem reißenden Gebirgsstrome ausbildet, der sich über mächtige Felsblöcke stürzt oder sich zwischen ihnen hindurch drängt. Nebenflüsse, ihm fast an Stärke gleich, stürzen aus den Seitenthälern herab, und nicht selten hatten wir den Anblick ziemlich bedeutender Wasserfälle. So lange ich Ceylon nur aus der Landkarte kannte, hatte ich mir so etwas nicht vorstellen können. Selbst nachdem ich mich belehrt, daß die auf der Landkarte so winzige Insel Ceylon nicht viel kleiner an Flächeninhalt als das Königreich Bayern ist, war ich noch nicht auf solche Flüsse gefaßt. Man muß sich eben vergegenwärtigen, daß hier durchschnittlich 70 cm Regen im Jahre fallen, und daß die Hauptmenge davon in den Centralgebirgen niedergeht, wo stellenweise, wie z. B. in Hakgalla, bis zu 150 cm Regenfall constatirt worden ist. Die üppige Vegetation und der humusreiche weiche Lehmboden halten aber das Wasser fest, so daß sich dasselbe vertheilt und statt wie anderswo sich in Ueberschwemmungen und Wildbächen rasch zu consumiren den großen Strom allmählig und regelrecht speist.

In der Nähe von Kandy durchschneidet die Bahn eine reich mit Baumwuchs und Palmenplantagen bedeckte Gegend, die sich jedoch nicht weit erstreckt. Anfänglich durchbrachen nur die zwischen den Flußläufen und Rinnsalen terrassenförmig eingebetteten Reisfelder die fast undurchdringlich erscheinenden Wälder (Dschungeln) und bildeten, da sie jetzt wie zu jeder Jahreszeit im schattigsten Grün prangen, einen bezaubernden Vordergrund für die dunklere Umgebung. Allmählich aber traten an ihre Stelle Theepflanzungen. Diese gewähren einen wenig erfreulichen Anblick. Die Theestauden haben ungefähr das Ansehen eines üppig gewachsenen Stachelbeerstrauchs, und in regelmäßigen Abständen gepflanzt, lassen sie die rothe Erde zwischen sich sehen. Die Theepflanzungen sind unseren

Weinbergen nicht ganz unähnlich, doch bieten letztere einen freundlicheren Anblick. Je höher wir kamen, desto mehr nahmen die Theegärten an Umfang zu und schließlich war eine ganze meilenweit sich hinstreckende imposante Hügellandschaft damit bedeckt. Und so ging es weiter und weiter, bis der Urwald ganz verschwunden war. Daß die Anlagen verhältnißmäßig jung sind, geht daraus hervor, daß die Baumstümpfe und die Stämme einzelner Baumriesen, die augenscheinlich durch Feuer getödtet worden sind, noch inmitten der Pflanzungen emporragten. Wir erfuhren von unserm Reisegefährten Oldemeyer, daß die Theeausfuhr von Ceylon in den letzten 15 Jahren von 50000 auf über 30000000 Pfund gestiegen sei. Die alten Kaffeepflanzungen hatten versagt, es war eine Krisis unter den Pflanzern ausgebrochen, und man warf sich infolgedessen mit Macht auf die Anpflanzung der Theestaude.

Angesichts der massenhaften Entwaldungen der Hügel und Berge, selbst an den steilsten Abhängen, konnte ich mich des Gedankens nicht erwehren, daß einmal Ereignisse dazu führen könnten, daß diese Theepflanzungen aufgegeben werden müßten, und daß menschlicher Fleiß nicht mehr die Abhänge und ihre Wasserrunsale in Ordnung hielte; dann würde die Möglichkeit sehr nahe liegen, daß außergewöhnlich starke Regenfälle die den harten Fels bedeckende, nicht allzustarke Humusschicht herunterschwemmten und die Flüsse sie dem Meere zuführen möchten. Man bringt also meines Erachtens die Insel Ceylon in Gefahr, das Schicksal mancher anderen Gebirgsländer, wie u. A. Spaniens, Italiens und Griechenlands zu theilen. Mir ist erst jetzt klar geworden, wie die Entwaldung in den letztgenannten Ländern vor sich geben konnte. Wenn man auch Brenn- und Bauholz in unvernünftiger Weise einem Walde entnimmt, so ist letzterer damit doch noch nicht vernichtet, dafür ist der Nachwuchs da! Wahrscheinlich war es zunächst, dort wie hier, auf den reichen Humusboden abgesehen, der stets in Urwäldern vorhanden ist; ihn wollte man für die Culturen ausnutzen; das allein lohnt die große Mühe, einen Wald gänzlich auszuroden.

Den 17. Dezember.

Heute schien die Sonne, aber Wolken hingen überall am Himmel. Rasch entschlossen, nahmen wir einen Wagen und fuhren nach dem berühmten botanischen Garten zu Hakgalla, welcher wie derjenige zu Peradenya dem Gouvernement gehört und Acclimations-Versuchen ꝛc. dient. Der Weg führt in ein Thal hinunter. Hier war neben den Theegärten noch dichter Urwald, der, von oben gesehen, grüne, gelbe, bis tief rothbraune Partbien zeigte; der tonangebende rothbraune Baum heißt Damba (Eugenia subavens); ich erfuhr dies von dem Director des Gartens, der mir auch sagte, daß meine Gedanken über die Entwaldung der Insel bereits von dem Gouvernement getheilt würden, welches jetzt in einer Höhe von über 5000 Fuß überhaupt kein Land mehr verkaufe. Auf dem Rückwege hatten wir leichten Regen.

Nachmittags fuhren wir in einem Wagen auf den Ramboda-Paß, von wo uns die Wolken noch einen Blick in die herrliche Thalgegend erlaubten. Später wagten wir noch einen Spaziergang in die nächste Umgebung, wobei wir indeß tüchtig durchregneten. Die Jahreszeit ist für uns hier ungünstig. Augenblicklich

— ich sitze bei der Lampe auf meinem Zimmer — platscht der Regen herunter, wie man es nur in den Tropen erlebt. Die Besteigung eines der hohen Piks — wir hatten an den Adams-Pik gedacht — war, wenn nicht unmöglich, so doch unräthlich.

Colombo, den 20. Dezember.

Seit mehreren Tagen bin ich nicht zum Schreiben gekommen, es drängten sich die Ereignisse zu sehr, und dann die Hitze!

Am 17. als wir früh am Morgen aufgestanden waren, regnete es in Eliya tapfer weiter und rasch entschlossen nahmen Kiehn und ich die Post und fuhren nach Nana Ora (Holz-Bach) herunter zur Eisenbahn. O. und G. hatten sich in den Kopf gesetzt, noch den Pedru Talagalla, einen der höchsten Berge Ceylons, der Eliya überragt, zu besteigen. Sie haben es auch an demselben Tage, trotz Regens und Nebels, ausgeführt.

Von Kandy aus führt ein Zweig der Eisenbahn nach dem etwa 15 englische Meilen nördlich gelegenen Matale, und von dort aus werden wohl Ausflüge nach den noch weiter nördlich gelegenen sogenannten „buried towns" (begrabenen Städten) unternommen, deren bedeutendste Anuradhapura und Polonarura sind. Die dort befindlichen Ruinen und Sculpturen haben, wie wir aus den hier vorhandenen Photographien ersehen konnten, weniger architektonischen und künstlerischen, als kunsthistorischen Werth, ihr Alter soll bis 500 v. Chr. zurückreichen. Der eigentliche Reiz aber besteht darin, daß dieselben von üppiger Vegetation überwuchert, fast wie begraben erscheinen — daher der Name. Letzterer Umstand hätte mich schon bewegen können, diese „verwunschene" Gegend aufzusuchen, aber Leute, die sie kennen, riethen doch davon ab. Die sehenswerthen Punkte lagen weit auseinander, unter 6—8 Tagen war nicht auszukommen, der Weg dahin ist beschwerlich — meist nur zu Pferde zu machen, Quartiere, wenn überhaupt vorhanden, schlecht, und stellenweise die Gegend ungesund und voll Ungeziefer. Wir verzichteten daher auf dies mehr für junge Leute geeignete Unternehmen und beschlossen, nach Colombo zurückzukehren, um dort noch einige Tage zubringen zu können.

Wir kamen daselbst am späten Abend an. Im Grand Hotel Oriental wimmelte es von Fremden. Der neue große Schnelldampfer „Australia" von der Peninsular- und Oriental-Linie und mehrere andere Steamer waren angekommen. Das Treiben in der Halle unseres Hotels war großartig und erinnerte sehr an Shepheard's Hotel in Cairo. Unsere Freunde waren auch gleich da, und eine Einladung des österreichischen Consuls zum Tiffin am Sonntag konnten wir nicht ausschlagen. Wir trafen daselbst den größten Theil der Officiere des österreichischen Kriegschiffs „Fasan". Am Abend kamen auch O. und G. hier an und für den nächsten Tag (gestern) wurden wir Abends 7½ Uhr von drei Junggesellen zu einem Diner eingeladen. Diese drei Herren wohnen in einem großen Bungalow an der Straße nach dem Mount Lavinia, in nächster Nähe des letzteren, und zeichnen sich dadurch aus, daß sie hier unter den Deutschen die Musik repräsentiren.

Es hatte den ganzen Nachmittag heftig geregnet und regnete noch, der Regen kühlt aber hier die Luft nur wenig ab, und feuchte Wärme lastet bekanntlich am meisten auf dem Menschen. Aber die drückende Schwüle, die über uns lagerte, wurde durch fleißiges Handhaben der Punka gemildert, und so waren wir denn bei guten kühlen Getränken ausgelassen lustig, zumal heitere Erinnerungen an die alte Heimath den Hauptgesprächsstoff lieferten.

Ich habe schon häufig Gelegenheit gehabt, mich der trefflichen Gesinnung und des pulsirenden Lebens unserer jungen deutschen Pioniere im fernen Osten zu erfreuen. Nicht Jeder bringt es zum Crösus, ihre einstweilige Lage erscheint aber in der Regel sehr glänzend.

Etwa zehn Diener versehen die Geschäfte des Hauses, von dem ich hier im Besonderen spreche; diejenigen, welche uns bei Tische bedienen, sind sittsam in weißes Linnen gehüllt; zuweilen drängt sich aber ein mehr als halbnackter brauner Bursche, der den äußeren Dienst hat, dazwischen und das wirkt dann sehr komisch auf Den, der Derartiges nicht gewohnt ist.

Die Tafel ist aufgehoben, wir sitzen oder liegen vielmehr draußen etwas abgespannt in der geräumigen hohen Halle beim Kaffee, die Unterhaltung fängt an zu stocken, die Augenlider senken sich hier und da, um ein stilles Nachsinnen zu erleichtern. Kein Wunder bei dieser Temperatur und nach der culinarischen Leistung, die wir hinter uns haben. Herr Börninger, der Aelteste des Triumvirats, läßt nun den Ruf nach „Musik" erschallen: Wo ist Herr Marwede, der Sänger? Er ist verschwunden. Endlich entdeckt man ihn irgendwo auf einem Stuhle sanft eingeschlafen. Er findet sich aber sofort bereit, seine Schuldigkeit zu thun, und singt uns zur Clavierbegleitung des Herrn Noduit einige kernige, alte, gute deutsche Lieder vor, die mir um so wohler thaten, als ich in letzter Zeit in Deutschland immer das moderne gesuchte krankhafte Zeug habe hören müssen. Auf der Halle wird's nun wieder laut, zu laut, um die Musik zu genießen, zumal noch neue Gäste, der Commandant des österreichischen Kriegsschiffes und der Consul Schnell, zur Gesellschaft stoßen.

Ich gehe deshalb in den großen Salon, wo das Klavier steht; um besser hören zu können, lege ich mich in einen bequemen Stuhl, und da finde ich es bald erklärlich, weshalb M. so unversehens eingeschlafen war. Als ich eben dasselbe thun will, sehe ich bei dem Dämmerlicht aus der Ecke mir gegenüber eine große Spinne blitzschnell hervorschießen. Ich denke, ich schlafe und träume — ich hatte nämlich heute im Museum all' das giftige Insektenzeug, welches in Ceylon zu Hause ist, studirt. Nein, ich schlafe nicht, M. singt eben: „Ich wandle still —" In der Mitte des Raumes liegt eine Art Eskimo-Hund, wie sie hier häufig gehalten werden. Auf den geht die Spinne los. Ich denke der Hund ist häßlich, aber er wird brav sein und das Unthier vertilgen — doch nein! Er steht auf und macht sich sachte davon. Nun wird die Sache ernst, ich bin allein mit der Bestie in dem Raume und sie kommt stracks auf mich los. „Come on!" sage ich, mit Dir nehme ich es noch auf, erhebe mich, und als die Spinne mir ganz nahe ist, führe ich einen kräftigen Fußtritt nach ihr. Gefehlt! Das Ding huscht pfeilschnell und absolut geräuschlos davon, ich hinterher — noch ein Fehltritt! Nun habe ich die Spinne in eine Ecke getrieben, da soll sie daran glauben. Aber mit einem Male habe ich das schwarze Geschöpf auf halber Höhe am Leibe sitzen. Hastig schüttle ich es ab, lautlos fällt es zu Boden und wie der Blitz ist es um die Thürecke ins Freie verschwunden. M. singt: „Dort wo Du nicht bist," und ich bin wieder ganz wach und vollständig gut aufgelegt, um der Musik mit voller Frische zu folgen. Solch eine Spinne, dachte ich, könnte man bei mancher Gelegenheit gebrauchen.

Um 12½ Uhr waren wir wieder zu Hause. Heute früh um 6 Uhr wurde ich aber schon durch den Straßenlärm geweckt, und da habe ich mich in dem denkbar leichtesten „dress" vor die offene Balkonthür hingesetzt, um diese Zeilen zu schreiben.

Das Wetter ist etwas besser.

Den 30. Dezember, Nachmittags.

Wir nahmen heute, um nach Tuticorin zu gelangen, Passage auf dem großen Frachtdampfer „Waverley", der gelegentlich hier ankam und gar keine Einrichtung für Passagiere hat. Es machte uns sogar Mühe, den Capitain zu bewegen, uns mitzunehmen. Er konnte auch nicht einmal genau Tag und Stunde der Abfahrt bestimmen; wir hoffen aber, daß er morgen Mittag die Anker lichten wird. Zwar fährt ein kleiner Dampfer, die „Alasca", zweimal wöchentlich nach Tuticorin; aber dieses Schiff ist wesentlich dazu bestimmt, die eingeborenen Arbeiter der Coromandel-Küste (Tamils), die in Ceylon ihren Verdienst suchen, zu befördern; er ist daher stets überfüllt und wir wurden gewarnt, ihn zu benutzen.

Einstweilen sitzen wir wieder in der großen Halle des Grand Oriental, die nach dem Hafen hinausgeht. Das Leben und Treiben in derselben ist wieder großartig und eigenthümlich; gestern war es still, heute faßt der große Raum kaum die Anzahl der Gäste, denn es liegen unter anderen drei große Dampfer der Peninsular und Oriental-Linie im Hafen. Fast sämmtliche durchreisenden Passagiere pflegen sich, wie es üblich ist, ein Rendez-vous in dem größten Hotel des Ostens zu geben, und lieben es, wenn möglich, eine Nacht dort zu schlafen, um sich von den Strapazen der Cabine zu erholen und sich etwas bene zu thun. Die Gesichter und Erscheinungen wechseln hier also fast täglich, doch macht sich ein gemeinsamer Zug bemerkbar, das Vorwiegen des englischen Elements. Sobald nun ein neues Schiff ankommt, entwickelt sich auch neues Leben auf der breiten Straße vor dem Hotel. Zahllose Händler, Inder und Perser, stürzen sich auf die Gäste. Viele der letzteren haben das Bedürfniß, Andenken nach Hause mitzunehmen; deshalb scheint das Geschäft flott zu gehen. Die Vorkommnisse bei dem unsoliden Handel sind unglaublich, noch schlimmer als in Italien. Ich sah heute einen schon routinirten Engländer um einen „Edelstein" handeln; 3 Pfund Sterl. war die anfängliche Forderung, schließlich ward dieselbe auf 5 Rupien (ca. 4 Mark) ermäßigt — das Angebot aber blieb hartnäckig 1 Rupie. Der Handel schien zu scheitern, da schlug der Verkäufer vor, zu würfeln. Wer gewann, sollte Recht behalten. Der Verkäufer verlor und der „weiße Saphir" ging für 1 Rupie in den Besitz des Engländers über. Die Steine sind keineswegs immer unecht, aber meistens von sehr untergeordneter Qualität — Ausschußwaare.

Die Ankunft der Fremden, namentlich der frisch aus Europa eintreffenden, weiß auch ein Zauberer und Schlangenbändiger jedesmal bestens auszunutzen. Der fremdartige Ton einer Pfeife, die fast wie ein Dudelsack klingt, versammelt bald einen Kreis unbefangener Neugieriger um ihn. Er öffnet den flachen Korb, in welchem die Kobra oder Brillenschlange sitzt, oder vielmehr schläft, und pufft mit der geballten Faust kräftig hinein; das Thier richtet sich gereizt hoch empor und bläht seinen Hals auf. Das macht Effekt, das Publikum glaubt, daß nun die „Bändigung" losgehen werde. Der schlaue Inder aber drückt das Thier mit dem Deckel in sein Gefängniß zurück. Das Publikum bleibt nun fest stehen, und er beginnt mit den gewöhnlichen Taschenspielerkünsten, wozu er dann gelegentlich Silber Rupies braucht, die er die Umstehenden mit großer Zudringlichkeit ihm zu „leihen" bittet. Dazu finden sich immer einige Personen bereit, da das Publikum ja stets ein anderes ist. Am Ende der mäßigen Vorstellung, bei welcher der Inder die Rupies auf verschiedene künstliche Arten verschwinden läßt, und nachdem er noch gesammelt hat, macht er sich ganz unbefangen davon, — er versteht dann plötzlich keine andere Sprache als „Hindu" und die Geprellten werden von den Anderen, die den Spaß schon kennen, herzhaft ausgelacht.

Nach dem Diner, das um 7½ Uhr beginnt, versammelt sich die glänzende Gesellschaft in der Halle, die, von der Seebrise bestrichen, einen angenehmen Aufenthalt gewährt. Bekanntlich erscheinen die in solchen Sachen sehr peinlichen Engländer nur in „full dress" zur Tafel. Damit kontrastirt dann in sehr unangenehmer Weise, daß sie es ganz in der Ordnung finden, sich in die sogenannten „easy chairs", lange Stühle zum Liegen, fast so flach wie ein Bett gebaut, mit breiten Armlehnen, um die Füße darauf zu legen — hinzuflegeln. Dem aus dem Saale Tretenden starren dann Dutzende von Schuhsohlen entgegen, bei denen man sich, um nicht beschmutzt zu werden, mit Vorsicht vorbei drücken muß. Die Herrenwelt ist ganz weiß gekleidet, d. h. es würde ein Verstoß sein, in einem weißen sauberen Rock zu erscheinen. Es ist aber in letzter Zeit gestattet, statt der schwarzen Fracks, der denn doch zu lästig wurde, ganz kurze weiße Jacken zu tragen. Es dauert lange, bis man sich an diesen Anblick gewöhnt. Gestern Abend war die Gesellschaft besonders zahlreich und glänzend. Im Musiksalon produzirten sich auch mehrere gute Sängerinnen.

Eigentlich sollten wir gestern Mittag abdampfen, aber es kam Gegenordre, das Schiff nahm noch massenhaft neue Ladung ein. Es soll nun morgen Mittag um 12 Uhr losgehen. Sicher ist es aber noch nicht. Jedenfalls spedire ich noch diese Blätter, da fortan die Verbindung schwieriger wird. Weihnachten werden wir wohl in Trichinopoly feiern.

Unser Aufenthalt in Ceylon war sehr amüsant und interessant; ich ahne, daß er der Glanzpunkt unserer Reise war. In Indien liegen die Verhältnisse viel weniger günstig. Die Singhalesen sind ein äußerst harmloses, bescheidenes, eigentlich unterwürfiges Völkchen. Von Prellerei ist hier im Allgemeinen keine Rede. Im Nothfalle bestimmt der Europäer den Preis endgültig. Alle Naturprodukte sind wie die Dienstleistungen der Eingeborenen wohlfeil, darum ist aber das Reisen doch nicht billig, da wir immer auf europäische Einrichtungen angewiesen sind. Bisher habe ich noch regelmäßig in einem Hotel gewohnt, das wird bald anders werden.

An Bord des Waverley, den 21. Dezember.

Wir haben an Bord dieses Dampfers Alles besser gefunden, als wir dachten. Auch der Capitain, der sich zuerst als ein rechtes „Rauhbein" anließ, ist gesprächig und einigermaßen liebenswürdig geworden. Für alle Fälle hatten wir uns eigenen Mundvorrath mitgenommen; es war unnöthig, die Verpflegung ist hinreichend. Blos das Eis, an das man sich in den Tropen so sehr gewöhnt, fehlt gänzlich.

Bei der Einschiffung gab es allerlei drollige Scenen. Sehr viele Eingeborene wurden befördert; der Andrang derselben wollte garnicht aufhören, auch dann nicht, als man bereits mit dem Lichten des Ankers beschäftigt war. Die Treppe war längst aufgezogen; aber die schwarzen, braunen und gelben Burschen kletterten noch an Seilen in die Höhe, die ihnen von den an Bord befindlichen Landsleuten zugeworfen wurden. Endlich verbot ein Schiffsoffizier dieses Treiben; als trotzdem die Kletterei nicht aufhörte und ein Passagier, welcher, schon oben angekommen, die Beine gegen die Schiffswand gestemmt, nicht weichen wollte, wurde das Tau gekappt oder losgemacht — ich konnte das nicht genau sehen — und der gelbe Geselle, der seine Habseligkeiten auf den Rücken gebunden hatte, plumpste wohl 4—5ᵐ hoch hinunter ins Meer. Zunächst empörte uns dieses summarische Verfahren. Als aber der Kerl auf der Oberfläche wieder erschien, ins Boot gezogen war und dann vergnügt grinste, da lachte Alles, und die Ordnung hatte gesiegt.

Die Sonne ist inzwischen untergegangen, eine Dämmerung giebt es hier ja kaum; der Wind hat stark eingesetzt, morgen um 2 Uhr Nachmittags hoffen wir in Tuticorin zu sein, obgleich das Schiff nur 9 Meilen per Stunde läuft; die großen Passagier-Schiffe erreichen fast die doppelte Geschwindigkeit.

Den 22. Dezember, früh 6½ Uhr.

Das war keine schöne Nacht. Auf den einhelligen Wunsch meiner Reisegefährten stand ich leider von dem Gedanken ab, auf Deck zu schlafen; in der engen heißen dumpfen Kabine konnte es keiner aushalten. Wir schlugen also alle vier unser Lager in dem Salon auf, der etwa die Größe eines guten Berliner Wohnzimmers hat und Licht und Luft durch ein Oberlicht erhält. Ich benutzte (zum ersten Male) meine Luft-Matratze, die ich auf den flachen Boden möglichst unter jenes Oberlicht legte; ich hatte nun zwar ein angenehmes weiches Lager, aber auch ein sehr bewegliches; da das Schiff stark schwankte, konnte ich mein Gleichgewicht nur dadurch erhalten, daß ich meine beiden Arme als Ausleger benutzte. Trotzdem rollte ich in der Nacht herunter auf den Boden und wachte auf. Eine Katze machte sich um mich zu schaffen, schnaubte und fauchte. Sie hatte einen Kampf zu bestehen, war es mit einer Ratte — diese Thiere sind, wie der Capitain bei Tisch erzählte, sehr zahlreich an Bord vertreten — oder war es gar eine Spinne, wie sie mir letzthin begegnete. Meine Gefährten hörte ich hin und wieder stöhnen. Einschlafen konnte ich nicht mehr. Ich verließ daher, sobald das Oberlicht sich bleiern zu färben anfing, mein flüssiges Lager. Halb angekleidet war ich schon, wie aber sollte ich das übrige Nothwendige in der Dunkelheit und bei dem Schwanken des Schiffs aus dem Chaos, das hier herrschte, herauszufinden? Mein Boy war sehr seekrank, ich mochte ihn nicht herbeiholen. Endlich gelang mir die Vollendung meiner Toilette, und so sitze ich denn hier auf dem kleinen Oberdeck und schreibe, eine vorspringende Leiste des Oberlichts als Tisch benützend, diese Zeilen.

Die Dämmerung hat rasch dem vollsten Sonnenlicht Platz gemacht, obgleich der Himmel theilweise mit Wolken bezogen ist; auf unserer linken Seite ist schon die flache Küste Vorder-Indiens sichtbar. Wie sich mir Japan beim ersten Anblick durch einen Vulkan charakteristisch einprägte, so ist es hier eine Pagode, die sich auf einer geringen Länderhöhung erhebt; sie muß große Dimensionen haben, da wir noch sehr weit vom Lande entfernt sind. Gegen Mittag werden wir am Ziele sein; hoffen wir, daß dasselbe unsere Mühen lohnen werde.

MADURA
Vom grossen Tempel

Entweder nach Seite 2

Südliches Indien.

Madura, den 22. Dezember, Abends 9 Uhr.

Um 10 Uhr kamen wir auf der Rhede von Tuticorin an, wegen des seichten Wassers warf die „Waverley" 6 englische Meilen vom Ufer entfernt Anker. Von allen Seiten segelten große Leichterschiffe heran — 20 zählten wir — die unsern Dampfer förmlich einkeilten, und noch kamen immer neue heran. Die plumpen Maste fuchtelten bei der bewegten See in der Luft umher, daß es ordentlich ängstlich aussah.

Sogleich ging die Ausschiffung von über hundert Eingeborenen vor sich, wir sahen derselben mit Interesse zu; die Männer kletterten voran in eines der Leichterschiffe, und Weiber und Kinder gingen von Hand zu Hand wie Bündel nach. Ebenso wanderten in den geräumigen Bauch des Leichters hunderte von Habseligkeiten, theilweise unglaublicher Art und Beschaffenheit. Endlich schien das Werk vollbracht, und wir warteten auf die Gelegenheit, die uns an Land bringen sollte; da lud uns der Ober-Stewart mit verbindlicher Miene ein, ebenfalls in denselben Leichter einzusteigen. Was? Wir in dies Chaos? Unmöglich, es ist ja nicht mehr für einen Hund Platz darin! „Wir sind kein Passagierschiff für Gäste erster Klasse, deshalb kommt für Sie kein entsprechendes Fahrzeug heraus. Wenn Sie für sich eins der Leichterschiffe besonders miethen wollen, das ist kostspielig, aber möglich. Sie sehen das Gedränge, wie wollen Sie mit Ihrem Schiff herauskommen? Sie werden Stunden verlieren." Der Capitain hatte Recht! Wir stiegen also demüthig eine Strickleiter hinunter, die extra für uns angebracht wurde, und turnten über Kisten und Köpfe bis auf einen einigermaßen convenablen Ort; unser (leider) aus über 30 Stück bestehendes Gepäck mußte wohl oder übel auch noch Platz finden.

Nun ging ein Kampf auf Leben und Tod zwischen den Leichterschiffen los: das unsrige wollte sich frei machen, und die übrigen wollten es auch gern ziehen lassen. Aber sie wollten ihren eigenen Platz nicht einbüßen, da es nahe lag, daß nicht alle Ladung bekommen würden. Es bildeten sich Partheien — zehn Mann zogen nach dieser Richtung, ebenso viele nach jener. Die Masse rückte und rührte sich kaum. Capitain und Mannschaften sahen vom hohen Deck dem Treiben lachend zu. Autorität und Kommando spielten keine Rolle mehr. Der Streit mußte auf dem einfachen Wege des Kampfes uns Dasein entschieden

2

werden. Und so kam es auch. Nach etwa halbstündigem Ringen wurden wir
unter das Hinterdeck gedrängt; wir waren frei und die plumpen Segel konnten
gehißt werden. Das Schiff legte sich bei der strammen Brise hart auf die Seite
und wir durchschnitten nun stampfend die Wellen. Sofort stellte sich bei den
empfindlicheren Natives die Seekrankheit sehr eruptiv ein, und wir mußten dem-
zufolge neue Positionen suchen. Das hatte nun seine Schwierigkeit! Tauchten
wir in den großen Bauch des Schiffes unter, so hatten wir alle Consequenzen
des Seeübels mitzugenießen; kletterten wir auf die Sprenzen und streckten den
Kopf über die plumpen Balken des Schiffsbords, so schlugen uns die Spritz-
wellen um die Ohren. Kurz, es waren häßliche 50 Minuten, die wir auf dieser
Ueberfahrt zubrachten, und dafür wurden am Ufer jedem von uns zwei Rupies *)
von dem behäbig schmunzelnden, wohlbeleibten Unternehmer abgenommen. Sofort
beim Aussteigen bemächtigten sich einige zwanzig Kulis unserer Gepäckstücke und
in einem Zuge, wie ich ihn häufig in den Werken afrikanischer Reisenden
abgebildet gesehen habe, ging es am heißen staubigen Ufer entlang zum Hotel,
das den stolzen Namen „Royal“ führt, in Wirklichkeit aber nicht besser ist, als
eine Locanda im tiefsten Innern Siciliens. Auch die ganze Ortschaft hätte dahin
gepaßt.

Hier nahmen wir nun Abschied von unseren bisherigen Reisegefährten
O. und G. Sie bleiben zunächst einen Tag hier, um eine Einladung von Ge-
schäftsfreunden anzunehmen, und dehnen dann ihre Reise bedeutend weiter aus,
als K und ich es können. Wir beeilten uns, so schnell als möglich aus diesem
Den Loch fortzukommen, und schon um 2 Uhr saßen wir auf der Eisenbahn.

Während der ersten beiden Stunden der Fahrt präsentirte sich das Land
recht trostlos, kahl und sandig mit sehr vereinzeltem Baumwuchs. Dann wurde es
etwas besser. Der Contrast gegen das überaus üppige Ceylon blieb indeß ganz
auffallend und verstimmte uns einigermaßen. Ich hatte mir das südliche Indien
ganz anders vorgestellt. Namentlich die Dörfer und Städte machten mit ihren
meist aus Lehm gebauten Häusern einen armseligen Eindruck.

Nun sitze ich bei einer Lampe in einem sogenannten Dagh-Bungalow, das
heißt in einem Unterkunftsraume, welchen das Gouvernement — namentlich in
Verbindung mit den Bahnhöfen — für die Reisenden unterhält, um ihnen für
eine Nacht ein Quartier zu gewähren. Denn Gasthöfe fehlen hier einstweilen,
wenigstens solche, in denen ein Europäer ein menschenwürdiges Unterkommen findet.
Trifft nach 24 Stunden ein neuer Gast ein, so muß das Quartier für denselben
geräumt werden. Häufig hat man dabei nur die vier Wände und das Dach. Für
alles Uebrige muß der Reisende selbst sorgen. Hier hatten wir wenigstens einige
Möbel, und der Bahnhofs-Restaurateur lieferte ein bescheidenes Mahl.

Die Räume sind hoch und luftig. Im Nebengelaß hat sich Freund K. bereits
zur Ruhe begeben. Eine Punka rauscht im Takt, um ihm Kühlung zu wehen
und die Mosquitos zu vertreiben. Mich belästigen dieselben hier beim Schreiben
in einer ganz fatalen Weise, dazu schlüpfen zahlreiche Eidechsen am Boden und
an den Wänden umher, um jener Quälgeister und sonstiger Insekten habhaft zu
werden; aber sie scheinen wenig Glück dabei zu haben. Gute Nacht!

*) Eine Rupee, deren nomineller Werth zwei englische Shillinge beträgt, war nach dem damaligen Kurs
nur 1,30 Mark werth. Dieser niedrige Kurs verbilligte unsere Reise nicht wenig.

MATURA

Trichinopoly den 25. Dezember.

Mit dem frühesten Morgen begannen wir heute die Besichtigung von Madura, einer Stadt, die zur Zeit 80000 Einwohner hat, deren hervorragende Bauwerke indeß bezeugen, daß sie etwa im 16. Jahrhundert eine außerordentliche Glanzepoche gehabt hat. Wir besahen den Palast des früheren Herrschers, der jetzt fast ganz leer steht; nur ein paar Räume werden zu Gerichtsverhandlungen benutzt, alle übrigen Theile des Gebäudes sind kahl und leer. In den Hindutempeln herrschte lebhaftes Treiben, denn in diesen hat sich, wie weiland im Tempel Salomonis, die Krämerschaft eingerichtet. Gleich beim Eintritt in eine große Vorhalle sahen wir uns plötzlich von Hunderten von Eingeborenen umringt, zwischen die sich auch die großen heiligen Elephanten mischten, die sich darnach drängten, uns ihre Reverenz zu bezeugen und ihre Kunstfertigkeiten zu zeigen. Solchen Bettlern gegenüber ist man nach- und vorsichtig; wir beeilten uns, Silberstücke auf den Boden zu werfen und ihnen den Rüssel zu streicheln. Dann machten wir, daß wir ins Freie kamen.

Noch ein seltsames Bauwerk fesselte in Madura unsere Aufmerksamkeit: einer jener Tempel — die man wohl besser indische Phantasiebauten nennt — die mitten in einem quadratischen, durch breite Treppen zugänglichen Wasserbassin liegen. Allerdings war das Wasser hier nichts als eine dicke grüne Sauce.

In einem Garten, der zur Besitzung eines vornehmen Hindu gehört, besahen wir einen berühmten Bananen-Baum. Er ist nicht der größte, aber angeblich der schönste in ganz Indien. Der Umfang seines Hauptstammes beträgt 70, der seiner Krone 540 engl. Fuß. Ungefähr 150 seiner Luftwurzeln sind allmählig zu mehr oder minder starken Stämmen ausgewachsen, so daß es eigentlich ein Baum mit 150 Stämmen ist. Mit Recht nennt der Eingeborene diesen Baum den ewigen oder unendlichen, da sein Wachsthum, wenn es nicht durch äußere Umstände gestört wird, ins Unendliche geht, indem immer neue Luftwurzeln zu Stämmen werden und den Umfang der Krone theoretisch ins Unendliche ausdehnen müssen. Ebenso darf er ewig genannt werden, denn wenn auch der Hauptstamm verdorrt oder vernichtet werden sollte, so wird der mächtigste Nebenstamm zum Hauptstamm, ohne daß das Wachsthum und die Ausbreitungsfähigkeit des Ganzen dadurch gestört werden.

Den tiefsten Eindruck machte auf mich ein Ueberblick über die Stadt, den ich von der Zinne des schon erwähnten Königspalastes nehmen konnte. Da verschwindet aller Schmutz, das Auge blickt hinweg über die Spuren des Verfalls und des allgemeinen Elends. Eingerahmt durch einen classischen Hintergrund von Bergen, unter denen einige, unvermittelt aus der Ebene emporsteigende phantastische Felsgruppen von rothbrauner Farbe von besonderer Wirkung sind, liegt die Stadt da in Bananen- und Palmenhainen, überragt von den Pagoden und Palästen, die sich dem auf erhabenem Punkte stehenden Beschauer besonders imposant präsentiren. Der Anblick wirkt wie eine phantastische Theater-Decoration zu einem Märchen aus 1001 Nacht. Eigentlich sollte man von einer solchen Stadt nichts weiter sehen als das großartige Gesammtbild, um dann sogleich weiter zu reisen.

Um 11 Uhr hatten wir die Besichtigung von Madura beendet und eine Stunde später befanden wir uns auf der Fahrt hierher. Die Gegend, anfangs wieder öde, trocken und verhältnißmäßig wenig angebaut, wurde fruchtiger und kaum reicher, als wir uns den Bergen, oder vielmehr dem flachen weiten Defilé in denselben näherten. Hier ist stellenweise eine Berieselung durch die Gebirgsflüßchen und etwas Reiscultur möglich. Sonst sieht man wohl Flußbetten und auch weite Brücken, die dieselben überspannen, aber selbst in dieser Jahreszeit fehlt das Wasser.

Unglaublich dünn scheint die Bevölkerung von Tuticorin bis hierher. Die wenigen Dörfer oder kleinen Niederlassungen, häufig fast nur aus Lehm gebaut und mit Reisstroh gedacht, gleichen den armen Fellachendörfern im Nildelta.

Hier haben wir wieder im Bahnhof leidliche gute Unterkunft gefunden, abgesehen von den zahlreichen Mosquitos; in der großen Stadt sich Quartier zu verschaffen, scheint fast undenkbar, wenn man nicht Gelegenheit hat, der Gast eines der wenigen Europäer zu sein, die hier angesessen sind. In einem Unterkunftshaus für Eingeborene ist es für einen verwöhnten Europäer nicht auszuhalten. Wo wir Weihnachten feiern werden, weiß ich noch nicht.

Tanjore, den 24. Dezember.

Heute früh sandte ich von Trichinopoly einen doppelten Brief ab und darauf an „Vitruv" eine Depesche: „Gentleman", woraus wohl mein Weihnachtsglückwunsch erkannt worden sein wird. Dann ging's an die Besichtigung dieser Stadt. Dieselbe liegt an einem Arme des Cawry, der, o Wunder, wirklich etwas Wasser in seinem breiten Bette führt. Ein etwa 300 Fuß hoher mächtiger, steiler Granitfelsen beherrscht die Stadt. Er ist als Festung und Tempel zugleich eingerichtet und bietet einen sehr malerischen Anblick. Wir stiegen natürlich hinauf und genossen eine mit Recht berühmte Fernsicht über die in frischem Grün prangende Ebene und die Stadt, die sich von dort oben aus sehr gut mit ihrer Tempel-Silhouette ausnimmt; sonst gilt von ihr, was ich von Madura sagte.

Die größte Sehenswürdigkeit ist die Tempelstadt Seringham, die jenseits des Flusses, von hier etwa eine halbe Meile entfernt, liegt. Sie dankt ihre Entstehung einer Despotenlaune und darf wohl als ein Vorbild für unsinnige Verwendung von Menschenkraft und Fleiß gelten. Eigentlich sind es sieben oblonge, mit Mauern umgebene Städte, die regelmäßig in einander geschachtelt sind, so daß zwischen den einzelnen Umfassungswällen regelmäßige Terrainstreifen bleiben, die mit Wohnhäusern besetzt sind. Im äußersten Ringstreifen wohnt die niedrigste Kaste, im folgenden eine höhere und so weiter. Im innersten Oblong liegen die Tempel und wohnen die Priester. Nur zwei Hauptwege führen symmetrisch und sich im Centrum rechtwinklig kreuzend durch dieses Schachbrettsystem und wo ein Weg die Mauer durchbricht, ist jedesmal ein mächtiger pagodenartiger Thorbau angebracht. Kinder bringen mit ihren Baukasten zuweilen ähnliche Phantasiegebilde zu Stande.

Die Zahl der hier vorhandenen Pagoden beträgt 21, von denen die höchste 100 Fuß mißt. Das Alter dieser Bauwerke soll 700 Jahre betragen; ich schätze es jedoch auf nicht mehr als 3—400. Diese Tempelstadt ist von den Dynasten der „Sonne" gestiftet.

Zwischen dem bettelnden Volk liefen auch drei bettelnde „heilige" Elephanten umher. Nachdem wir zweien geopfert, wollten wir uns am dritten vorbeimachen. Derselbe folgte uns aber und kam uns so nahe auf die Haut, daß wir auch hier ein Uebriges thaten

Um 12½ Uhr waren wir wieder auf der Eisenbahn und trafen um 2½ Uhr in Tanjore ein. Es ist hier eine Tempelanlage, die, wie ich glaube, mit Recht als die vollkommenste im südlichen Indien angesehen werden kann. Ein mächtiger oblonger Platz ist mit Graben und hohen Mauern umschlossen, die in der Zeit der Kriege zwischen Franzosen und Engländern in Festungsmauern umgewandelt wurden. Durch drei Thorgebäude naht man sich dem Haupttempel, links von diesem steht ein kleinerer Tempel, dem „Subraman" geweiht. Es scheint mir dieses Bauwerk das gelungenste in seiner Art zu sein. Merkwürdig ist, daß dasselbe, wie alle dieses Genres, die ich gesehen, unsolide ausgeführt ist, die ersten beiden Etagen in Granit, alle übrigen in Stuck, höchstens sind dann noch die runden abdeckenden Gesimse aus Granit hergestellt. Der Verfall schreitet auch trotz der fortwährenden Reparaturen vorwärts. Bei uns würde das ganze Bauwerk nach einem ordentlichen Winter ein formloser Klumpen sein. Eine gütige Natur sorgt auch dafür, daß die geschmacklose Abtönung in Wasser- oder Kalkfarbe dem Bauwerk nicht zum Schaden gereicht; es hat sich meist alles so glücklich in einander verlaufen, der Schmutz und das Moos thun ein Uebriges, so daß, von weitem gesehen, die herrlichsten Farben-Effecte herauskommen. Namentlich war dies bei dem letztgenannten Tempel der Fall.

In Trichinopoly und Madura giebt es eine bedeutende Anzahl Teiche oder Wasserbassins, welche mit Mauern eingefaßt und oft von Hallen und Pavillons umgeben sind. Breite, häufig großartige Treppenanlagen führen hinunter. Die Bassins sind in der Regel belebt von Eingeborenen, Männern und Weibern, Alten und Jungen, welche hier baden und dann zugleich auch ihre armseligen, aber immer bunten und malerischen Gewänder, meist nur ein einziges größeres Tuch, eine Art Toga, waschen und trocknen. Diese Badeanstalten sind fromme Stiftungen der Fürsten oder einzelner reicher Hindus. Sie haben zuweilen eine kostbare Einrichtung und stammen alle aus vergangenen Jahrhunderten. Heute ist hier wohl Niemand mehr zu solchen Leistungen reich genug. In der unmittelbaren Nähe, zuweilen auch in der Mitte der Bassins befinden sich Tempel, in denen die Hindus nach erfolgtem Bade ihren Gottesdienst verrichten. Das Baden gehört, wie die Waschung der Mohamedaner, zur Vorbereitung für den Gottesdienst.

Einen rührenden Eindruck machte auf mich eine kleine protestantische Kirche, die vor mehr als hundert Jahren ein aus Sonnenburg in der Neumark gebürtiger protestantischer Missionar Namens Schwarz gebaut, und in welcher der berühmte Bildhauer Flarmann dem Erbauer eine treffliche Gedenktafel gestiftet hat. Schwarz hatte es verstanden, den damaligen Radjah ganz zu seinem Freunde zu machen. Sonst ist hier der Einfluß der katholischen Kirche in die Augen fallend. In Trichinopoly wird eine sehr große neue katholische Kirche gebaut, obgleich schon zwei solche vorhanden sind

Der große Palast des Radjah ist schon halb Ruine, wird aber noch von den Nachkommen desselben bewohnt. Im großen Hofe waren zwischen Granit Prellsteinen sechs Elephanten angekettet. Der große Zwinger beherbergt noch zwei

Tiger. Tanjore ist durch seine Bronce- und Silberarbeiten berühmt; wir haben auch hier einige Sachen erworben.

Nun war der heilige Abend hereingebrochen, wir hatten uns vorgenommen, denselben zu feiern, aber wie? Auf dem Bahnhof war keine Unterkunft zu finden. In der Stadt sollte ein „Rest House for Travellers" sein; wir konnten uns aber ungefähr denken, wie es beschaffen sein mochte, und so überlegten wir denn, ob wir nicht bis zur nächsten Stadt weiter fahren, in derselben übernachten und, da auch dort nichts zu holen, am nächsten Morgen in aller Frühe weiter reisen sollten. Das wäre eine schöne Weihnachtsfeier geworden. Da kam uns glücklicherweise noch zur rechten Zeit der richtige Gedanke: Wir fahren die Nacht durch, sind morgen früh um 8 Uhr in Madras und haben dann wenigstens einen anständigen ersten Feiertag. Und so geschah's und das war auch das Richtige!

Bengalen.

Bisher hatten wir immer ein Coupée I. Classe auf unseren Eisenbahnfahrten allein für uns gehabt. Dies Mal stieg im letzten Augenblick, als der Zug in Tanjore sich in Bewegung setzte, noch ein vornehmer Eingeborener ein, in glänzender, reichgestickter Kleidung, aber mit nackten Waden und Füßen, also echt. Eine reiche Gesellschaft begleitete ihn an das Coupée und ordnete seine Sachen. Uns gegenüber benahm sich derselbe sehr bescheiden; er erklärte sofort, sich mit einem der oberen Betten begnügen zu wollen, kletterte auch gleich hinauf und ließ bis 2 Uhr Nachts Nichts von sich hören, zu welcher Zeit ich durch seine laute Frage: „Are you awake?" geweckt wurde. Er stand reisefertig und verabschiedete sich äußerst höflich. Hier sagte man uns, wir hätten den Mann einfach hinausweisen können, und er würde ohne Weiteres gegangen sein. Bei dem hier immer noch herrschenden Kastenwesen würde er das ganz natürlich gefunden haben, ebenso wie er einen Mann aus einer niederen Kaste seines Volkes ohne Bedenken an die Luft gesetzt haben würde, ohne auf den geringsten Widerstand zu stoßen.

Im Uebrigen schliefen wir die heilige Nacht durch ziemlich gut. Als nun 6 Uhr die Sonne aufging und wir uns erhoben, befanden wir uns in einer fruchtbaren Gegend. Die verschiedenen Palmenarten und die Bananen gaben derselben ihren Charakter. Ueberall machte sich die Wirkung künstlicher Bewässerung aus den zunächst allerdings nur vereinzelt auftretenden Reisfeldern geltend. Je mehr wir uns Madras näherten, desto reichere Ueppigkeit in der Vegetation, so daß wir an Ceylon erinnert wurden.

Von meinen Freunden in Madras wurde ich dahin belehrt, daß die Bahn von Tuticorin hierher aus technischen und Billigkeitsgründen meist durch die Hochebene geführt und daß das östlich gelegene Uferland mit seinen Flußdeltas durchgängig sehr fruchtbar sei. Zweigbahnen führen daher nach den Hauptorten der Cocomandel-Küste, Negapatam und Pondichéry. Die Leere in den Flußbetten wurde dadurch erklärt, daß das Wasser zu Berieselungszwecken schon hoch im Flußlauf abgefangen werde. Nun kommt dazu, daß die Regenzeit dieses Herbstes fast ganz ausgeblieben ist. Erst vor einigen Wochen regnete es eine ganze Nacht durch und gab 2 Zoll Wasser. Ohne diesen Regen würden wir die Gegend ganz ausgebrannt gefunden haben. Aber die Reiseernte soll trotzdem gefährdet sein. So kann man durch Zufälligkeiten leicht eine falsche Vorstellung von einem Lande bekommen.

Nach unserer Ankunft hierselbst hatten wir zunächst Wohnungssorgen, wir mußten von einem Hotel zum andern fahren, denn wir wollten doch zu Weihnachten ein angemessenes Heim haben. Das fanden wir denn auch endlich in Elphinstones Hotel. Madras ist wegen des Mangels an guten Hotels berüchtigt, es giebt hier kein einziges, welches von einem Europäer gehalten wird. Der Wirth von Elphinstones Hotel, ein feister Brauner mit einem mächtigen rothen Turban, wies uns in einem Nebenhause, welches nur aus einem Parterregeschoß besteht, zwei Zimmer mit je einem Baderaume dahinter an, die uns wegen ihrer Luftigkeit sehr gefielen. An Möbeln freilich war so gut wie garnichts darinnen, und auch jetzt fehlt noch zum Theil, was wir reclamirt haben und was man uns versprochen hat. Das Beste ist die nach einem weiten Gartencomplex hinausgehende, nach der Meeresseite gelegene Halle, welche auf besonders plumpen gemauerten und geputzten jonischen Säulen ruht. Das von unten sichtbare Ziegeldach bildet zwar einen sehr seltsamen Gegensatz zu diesen vornehmen Architecturtheilen; aber hier habe ich wieder den Beweis, daß es auf so etwas nicht ankommt, wenn man sich einen gemüthlichen Aufenthaltsort schaffen will.

Zur Annehmlichkeit unserer Wohnung trägt außerdem noch besonders der Umstand bei, daß vor die Halle zum Schutz gegen die Sonne noch eine mit Matten gedeckte Veranda aus Bambus vorgebaut ist, die in diesem Augenblick von unsern Boys in sehr praktischer, aber wenig rücksichtsvoller Weise zum Trocknen unserer Wäsche, Bade- und Handtücher benutzt wird.

Zu der gemüthlichen Wohnung gehören auch diese gemüthlichen Jungen, von denen ich bisher zu berichten vergessen habe. Man kann nämlich hier nicht anständig reisen, ohne stets einen Diener, einen „Boy", um sich zu haben. Das heiße Klima erfordert dies zunächst, damit man sich jede mögliche Bewegung spart. Man läßt sich also z. B. von dem Boy von der Lagerstatt heben, baden, ankleiden, die Sachen in die Tasche stecken, Hut aufsetzen u. s. w. Dann aber würde man in den Hotels bei Tische schlecht wegkommen, wenn man nicht vom eigenen Boy bedient würde. In Colombo waren nun hierzu geeignete Individuen schwer zu erhalten. Kiehu und ich nahmen daher nur einen gemeinschaftlichen, einen alten fast schwarzen „Tamil", d. h. einen Eingeborenen von der Malabar-Küste, dessen Haupteigenschaften Willigkeit und große selbstbewußte Voreiligkeit waren. Im Uebrigen war er halb Kind, halb Esel und hat mir und K. manche Ungelegenheiten bereitet. Zum Glück sagte er mir eines Tages, er sei früher Buttler (Kellermeister) gewesen und habe an den Governor geschrieben, der eine solche Stelle zu besetzen habe, er sei überhaupt nicht gewohnt, zwei Herren zu bedienen. „Poo" (sprich puh) war meine im besten Hindu gegebene Antwort, d. h. pack Dich! Denn wir hatten gerade einen jüngeren Tamil entdeckt, der uns empfohlen war und gut zu sein schien. Anfangs waren wir unbedingt mit diesem zufrieden. Er ist äußerst anstellig und findig, spricht etwas mehr englisch als der frühere und ist, wie mir scheint, auch ziemlich ehrlich. Da er nun merkt, daß wir zufrieden mit ihm sind, fängt er nicht allein an, sehr selbständig zu werden was uns ja recht ist, sondern auch uns zu berathen und

MALRAS
Botanischer Garten "Vetera rosa"

alles ausdrücklich anders zu machen, als wir ausdrücklich befehlen. Es ist eben leichter, gute Dienstboten zu engagiren, als sie „gut“ zu erhalten. Ich überlege eben, was ich bei seinem fortgesetzten Ungehorsam thun soll, ob ich, um ihn wieder auf den rechten Weg zu bringen, das hier sonst übliche Mittel, eine Tracht Prügel, oder ob ich vielleicht väterliche Vorstellungen in Anwendung bringen soll. Gewaltmaßregeln sind mir ungewohnt und verhaßt. Bisher hat mein Zureden nicht viel genützt. Wegschicken mögen wir ihn auch nicht, denn wir wissen nicht, was wir wieder bekommen.

Den Morgen des ersten Weihnachtstages feierten wir, nachdem wir um 6 Uhr aufgestanden waren, zunächst durch ein behagliches „dolce far niente“. Ich las die Briefe noch einmal durch, die ich in Tuticorin erhalten hatte; selbst zu schreiben, war ich zu träge; wir hatten ja auch ziemliche Strapazen überstanden.

Für Madras konnten wir keine bessere Jahreszeit treffen; es ist die kühlste Temperatur des Jahres, Morgens sind etwa 18—19° R., am Tage nicht über 22°. Die hier sonst so drückende und gefährliche Feuchtigkeit ist auf ein richtiges Maaß zurückgeführt, die Luft früh Morgens aber ist wahrhaft balsamisch.

Die erste That, zu der wir uns endlich gegen 11 Uhr aufrafften, war zum Consul Gerdes zu schicken und zu fragen, ob wir ihn heute aufsuchen dürften und wann? Statt der Antwort kam der liebenswürdige Herr selbst und wollte uns sofort mit nach seinem Hause zum Frühstück nehmen. Wir waren aber noch nicht im dress und versprachen daher, seiner Einladung zum Mittagstisch um 3 Uhr Nachmittags zu folgen. In seinem großen, vor der Stadt gelegenen Bungalow trafen wir die Mehrzahl der hier ansässigen Deutschen an, u. A. die Herren Scholl, Klein, Schneider, Wiele, Scholler, Meßner 2c., lauter hiesige Kaufleute, meist mit ihren Frauen. Die Frau Consul ist eine geborene Engländerin, sehr heiter und musikalisch; es wurde gespielt und gesungen bis in die Nacht hinein.

Den 27. Dezember.

Heute sollten wir uns eigentlich auf dem „Clan Mac Gregor“ nach Calcutta einschiffen. Die Schiffe auf dem Meere können indeß nicht so pünktlich sein, wie die Eisenbahn. Der „Clan Mac Gregor“ hatte mit Wind und Strömung zu kämpfen, kam erst gestern Abend an und kann vor dem 29. d. M. nicht wieder in See gehen. Wir verlieren dadurch zwei Tage, was wir indeß nicht sehr bedauern, da wir hier sehr gut aufgehoben sind und etwas Ruhe und Sammlung brauchen können.

Am gestrigen Tage hat uns der Herr Consul früh Morgens mit seinem Wagen abgeholt, und haben wir einen Theil der Stadt gesehen. Dieselbe ist, abgesehen von der sogenannten black-town, der Stadt der Schwarzen, aber auch der Comptoire, mit großer Raumverschwendung an den Ufern des Coom-Flusses erbaut und enthält großartige monumentale Bauten, wie ich sie hier nicht erwarten konnte.

Etwa 40 englische Meilen südlich von Madras, hart am Meere liegt die Stadt Mahabalipur, auch die „Stadt der sieben Pagoden“ genannt. Gern hätte ich dorthin einen Ausflug gemacht, aber der Weg wurde uns als sehr beschwerlich geschildert. Derselbe ist fast auf der ganzen Strecke in einem Ruderboot über einen Kanal und durch Sümpfe zurückzulegen und erfordert einen Zeitaufwand von je 14 Stunden hin und zurück. Wegen der Hitze bei Tage und um das Uebernachten in dem ungesunden, fiebergefährlichen Ort zu vermeiden, wird die Fahrt jedes Mal bei Nacht gemacht. Zunächst schreckten uns die Strapazen ab, weil wir recht ermüdet in Madras angekommen waren. Hätte ich aber gewußt, daß wir so lange auf die Abfahrt unseres Dampfers würden warten müssen, so wäre die Tour doch wohl zu Stande gekommen. Nun habe ich mich mit dem Erwerb einer Anzahl guter Photographien begnügen müssen. Mahabalipur ist vor Jahrhunderten zum Theil durch eine große Meereswelle verschlungen, d. h. in den Meeresgrund gezogen und dann gänzlich von der Bevölkerung verlassen worden. Ueberbleibsel interessanter, aus stehenden Felsen gemeißelter, nicht untergegangener Tempel und figürliche Darstellungen aus dem 11. und 12. Jahrhundert sind die bedeutendsten Sehenswürdigkeiten. Alte indische Tempel sind auch noch vorhanden.

Den 29. Dezember.

Fünf Tage sind wir nun schon hier, wir werden von einem Tage zum andern auf die endliche Abfahrt des „Clan Mac Gregor", auf dem wir Passage genommen haben, vertröstet. Nun soll es morgen Mittag losgehen. Da aber heute bestimmt die Post für Deutschland schließt, will auch ich diese meine Zeilen schnell beenden.

Lang geworden ist mir die Zeit hier keineswegs, im Gegentheil, es blieb mir nicht einmal Muße, regelmäßig zu schreiben. Täglich war dies oder jenes von den hiesigen Deutschen, namentlich von dem liebenswürdigen Consul arrangirt, bei dem wir schon dreimal diurt und x mal „getiffint" haben. Abends ist in der Regel gesellige Zusammenkunft im deutschen Vereinshause, wo tapfer Kegel geschoben wird. Gestern stießen auch unsere Reisegefährten Oldemeyer und Gildemeister wieder zu uns. Wir wohnen alle zusammen in dem früher beschriebenen Bungalow, der dadurch ganz ausgefüllt ist. O. und G. wählen jetzt die Route über Bombay, wir die für uns praktischere über Calcutta, den Ganges hinauf.

Heute früh waren wir u. A. im Museum, das noch im Entstehen begriffen ist, und im Botanischen Garten. Letzterer kann mit Peradenya und Balgalla keinen Vergleich aushalten, aber er enthält einige merkwürdige, aus andern Ländern hierhergebrachte Bäume, so einen mächtigen aus Madagaskar importirten Baum mit großen, vertikal hängenden rothen Blüthentrauben. Wenn auch nicht durch die Blüthen, so könnte man unter ihm jedenfalls durch die Früchte den Tod finden, die fast wie moderne Spitzkugeln geformt, zahlreich an demselben pendelten. Wer eine solche auf den Kopf bekommen hätte, wäre sicher ein Kind des Todes gewesen. Wir tauften ihn daher, da die Namensbezeichnung unleserlich geworden war, den Manzanilla-Baum.

In den letzten beiden Tagen hat die Hitze zugenommen, man erwartet hier sehnlichst den Ausbruch eines regenbringenden Gewitters; hin und wieder thürmen sich auch Wolken an, aber es war bisher immer wieder nichts. Zur heißesten Zeit des Tages sitzen wir gewöhnlich in unserer Halle, da draußen nichts anzu-

MADRAS
Die Felsengebilde bei Mahabalipur

fangen ist, so auch in diesem Augenblicke. Unsere sonst so lebendige und laute Umgebung scheint ausgestorben. Einige Krähen, die uns sonst stets Gesellschaft leisten und, um einen Bissen zu erhaschen, unter unser Dach und selbst auf unseren Tisch kommen, scheinen wie die kleinen Eichhörnchen mit ihren kurzen dicken Schwänzen, die in einer Hecke vor uns zu spielen pflegen, alle schlafen gegangen zu sein; so auch unsere Boys, die, in eine Ecke auf dem harten Boden gekauert, im Takte schnarchen. Da darf ich wohl schließen, um auch noch ein wenig zu träumen, bevor ich diese Blätter zur Post bringe.

An Bord des „Clan Mac Gregor", den 30. Dezember.
Im Hafen von Madras.

„Reich mit des Orients Schätzen beladen,
Segelt ein schönes Schiff von Madras fort,
Sieh' und ein Mädchen von jenen Gestaden
Flüstert der Freundin ganz leis noch an Bord."

u. s. w.

Durch dieses schöne Lied, welches wir vor über vierzig Jahren gerührt sangen, hat der Dichter meiner jungen Phantasie ein bezauberndes Phantasiebild des von ihm besungenen Madras eingeprägt. Wie ganz anders gestaltet sich das Bild nunmehr in der Wirklichkeit! Wo ist das Schloß und der Palmengarten am Meeresstrand, aus dem sich jene Idylle entwickeln könnte?

Madras ist eine der modernsten Hafenstädte. Nehmen 400000 Einwohner schon an sich einen erklecklichen Raum ein, so darf ich bei der weitläufigen Bauart von Madras wohl der Angabe glauben, daß die Ausdehnung der Stadt am Meeresstrande ungefähr 12 englische Meilen beträgt. Mächtige öffentliche und private Gebäude geben diesem berühmten Handelsplatz ein großartiges Ansehen. Der Senats-Palast, die Post, beide vom Architekten Chisholm erbaut, der noch im Bau begriffene Justizpalast u. s. w., alle mit vielen Thürmen und Kuppeln versehen, sind Gebäude ersten Ranges und erinnern an gewisse Bauwerke an den Ufern der Themse in London. Zwei mächtige Steindämme umarmen einen Theil der weiten Bucht, der so einen sicheren Hafen bildet, in welchem mächtige Dampfer und Segelschiffe aller Nationen liegen; dazwischen das übliche Gewimmel von kleinen Schiffen aller Art, das ist das Madras der Wirklichkeit. Ich hatte in der That nicht geglaubt, hier so etwas zu finden.

Es ist merkwürdig, wie verschieden die Kähne bezw. kleinen Fahrzeuge sind, deren sich die Eingeborenen im Küstenverkehr, z. B. zum Aus- und Einschiffen der Passagiere bedienen. Ich könnte darüber schon eine große Abhandlung schreiben. In Colombo war es noch der für eine Menschenbreite berechnete schmale und hohe Kahn mit einem Ausleger; hier wurden wir mit unserm Gepäck in ein bauchiges Schiffsgefäß geladen, das mich an die Arche Noah's denken ließ. Die dünnen Schiffsplanken waren nicht zusammengenagelt, sondern genäht oder gebunden und mit dicken Wulsten aus einer Faser gedichtet. Das Wasser stand mindestens 1 Fuß hoch im Raum und wurde regelmäßig mit einem ledernen Eimer ausgeschöpft. Auf den dünnen Spreizen, welche die Borde des Schiffes auseinanderhalten, hocken 8 schwarzbraune Ruderer, fast über unseren Köpfen. Ihre Ruder bestehen aus langen schweren Stangen, an denen eine kreisrunde Schaufel befestigt ist, so groß wie unsere Suppenteller. Sie bewegen dieselben nach dem Takte eines rythmischen Gesanges, der gar nicht übel klingt. Wie nur ein Landeskundiger sagte, ergeht sich der Text in Vermuthungen darüber, wie viel wir ihnen wohl als Trinkgeld zu der üblichen Taxe zahlen werden.

Oldemeyer und Gildemeister begleiteten uns an Bord; wir tranken zum Abschied und in Hoffnung auf baldiges Wiedersehen eine Flasche Schaumwein zu einem Frühstück, das uns sofort in liberalster Weise, und ohne von uns beordert zu sein, servirt wurde. Ich erwähne dies als Gegensatz zu dem Verhalten des Capitains B. von der „Victoria Augusta", der uns im vorigen Jahre im Hafen von Ajaccio nicht gestatten wollte, einen Freund, den wir daselbst angetroffen hatten, gegen Bezahlung an Bord bewirthen zu lassen.

Mittlerweile war der Anker gelichtet. Die enge Ausfahrt des Hafens zwischen den Steindämmen schien fast gesperrt durch eine große Anzahl von Fischern, die einzeln auf einem kleinen Floß, gebildet aus je drei etwa 2ᵐ langen Baumstämmen aus sehr leichtem Holze, hockten oder standen und ihre Angeln handhabten. Es ist wunderbar, wie diese Leute gleich den richtigen Jongleuren inmitten des hohen Wogengangs ihr Gleichgewicht zu erhalten wissen.

Bei dem Schwanken des Schiffes zu schreiben, ist wirklich ein Kunststück; früher verstand ich es gut, und nun muß ich es wieder lernen. Ich werfe noch einen Blick nach Madras zurück, das mit seiner feinen langgestreckten Silhouette bald in's Meer versinken wird.

Den 31. Dezember, früh 7 Uhr.

Auf unserm „Clan Mac Gregor" haben wir es gut getroffen; jeder hat eine gute luftige Cajüte für sich, es fahren nur 7 Passagiere erster Klasse, im Speisesalon ist für über 80 Personen Platz. Der Capitain auf diesem englischen Schiffe ist ein Deutscher aus Hamburg, heißt Alexanderson und ist deutsch geblieben, in dem Knopfloch seines Rockes trägt er ein Ordensband in schwarz weiß rothen Farben. Der Gegensatz zwischen diesem eleganten Gentleman und dem verbauerten Capitain der „Waverley" ist in die Augen springend. Bei Tisch wurde uns die Ehre zu Theil, an seiner Seite placirt zu werden, und wir haben uns während des Diners, wie später auf Deck, bis in die Nacht hinein gut unterhalten. Er sagte uns, daß er häufig Jahre lang nicht Gelegenheit habe, sich mit Deutschen auf seinem Schiffe zu unterhalten, da letztere die Linie sehr wenig frequentiren.

Das Wetter ist ausgezeichnet, in leichter Kleidung befinden wir uns auf Deck sehr wohl und behaglich.

Kurz vor unserer Abreise hatte ich noch eine heftige Auseinandersetzung mit unserm Boy, die fast zu einer Trennung auf ewig geführt hatte. Er war ohne Erlaubniß in die Stadt gegangen, hatte sich dort bekncipt, aber die Schlüssel zu unsern Zimmern in seiner Tasche behalten, so daß wir uns nicht zum Diner an kleiden konnten. Als ich ihn darüber zur Rede stellte, gab er Gegenworte. Oldemeyer meinte, wenn ich länger hier gewesen wäre, hätte ich den Kerl mit in's Badezimmer genommen und ihm dort eine gehörige Tracht Prügel gegeben. Heute früh, als ich noch in meinem Bette lag, kroch der braune Bengel auf den Knien heran, die Hände vor der Stirn zusammengelegt, und bat unter Thränen um Verzeihung für sein schlechtes Benehmen, „ich möchte wieder sein Vater sein“. Ich glaube, daß er es ganz aufrichtig meint — aber das Fleisch ist schwach. Daß sich ein Inder betrinkt, kommt sonst fast garnicht vor, seine Religion verbietet ihm den Genuß geistiger Getränke. Unser Bov ist aber, was er häufig mit Genugthuung aussprach, Christ geworden, und als solcher glaubt er wohl zuweilen geistige Getränke zu sich nehmen zu müssen.

Die Inder, soweit ich sie jetzt kennen gelernt, haben im Allgemeinen etwas Rührendes für mich, gewiß haben sie durch die Herrschaft der Engländer, im Vergleich zu den früheren Zuständen, materiell gewonnen, aber sie sind doch die geborenen Besitzer des Landes und nun betrachten sie uns Eindringlinge als Leute einer höheren und höchsten Kaste und lassen sich willig Alles gefallen. Wenn sie durch Generationen dieselbe Erziehung wie wir erhalten hätten und von ihren Religionsmißbräuchen befreit würden, weshalb sollten sie es uns nicht gleich thun? Sie sind fleißig, kunstgewandt und vielleicht findiger als wir. Gerade die Findigkeit bewundere ich immer an unserm Camil. Am Körperbau sind sie schwächer, als die Europäer, doch sind sie auffallend elegant in ihren Formen. Die Haltung der Männer und namentlich der Frauen ist stolz aufrecht mit zurück geworfenen Schultern, als wenn sie alle bei uns Soldat gewesen wären. Nach allgemeiner Ansicht kommt dies daher, weil sie Alles auf dem Kopfe tragen. Eine vornüber gebeugte bucklige Person habe ich hierzulande noch nicht gesehen. Dagegen sind schwache Säbelbeine sehr häufig. Jedenfalls kommt dies daher, daß die Kinder bis in ein ziemlich hohes Alter — etwa bis zur Zeit, wo sie sich verloben — auf den Hüften der Mütter reiten; sie müssen sich dabei mit ihren Beinchen so fest klammern, daß die Mutter unter Umständen beide Hände frei machen kann. Man sollte meinen, die Inder müßten ein gutes Reitervolk sein.

Die Verlobung der Kinder findet schon in sehr jugendlichem Alter statt. Die Verheirathung erfolgt durchschnittlich im 12. Jahre. In Trichinopoly hatten wir einen anscheinend 30—40 Jahre alten Inder als Führer; durch Zufall kamen wir in die Nähe seiner Wohnung, einer Lehmhütte, und auf unsern Wunsch mußte er seine Familie herausholen. Ein ganzes Knäuel entwickelte sich aus der engen Thür heraus. Eine Frau, die einen Jungen auf der Hüfte trug, redete ich als seine Frau an. Nein! Es war seine Tochter, die erwachsenen Mädchen waren seine Enkel und Urenkel fehlten auch nicht! Seine Frau kam garnicht zum Vorschein, wahrscheinlich damit ich sie nicht als seine Großmutter ansprache.

Im Gesicht sind die Hindu in der Regel hübsch, d. h. hübsch nach orientalischem Geschmack, namentlich die jungen Frauen; aber je hübscher sie sind, desto glühendere Anbeter haben sie, also auch desto mehr Schmuck, und diesen tragen sie zum Theil in den Nasenflügeln, was sie sehr entstellt. Damit die Männer in dieser Hinsicht nicht zurückbleiben, malen sie sich mit grauer, rother oder goldgelber Farbe die Abzeichen ihrer Kaste in's Gesicht; die Geistlichkeit soll aus der Lieferung der dazu erforderlichen Ingredienzien einen Theil ihrer Subsistenzmittel beziehen. Wenn diese Gesichtsbemalung nicht wäre, würde man im Süden Indiens häufig den Mann vom Weibe nicht unterscheiden können. Den geringen Unterschied in der Kleidung bemerkt man anfänglich nicht, das lange Haar, meist von einem Kamme gehalten, ist beiden Geschlechtern, gleich dem weibischen Ausdruck des Gesichts, gemeinsam.

Den 1. Januar 1895.

auf 16° 11′ 56″ n. Breite, 85° 11′ 56″ ö. Länge.

So sang- und klanglos wie diesmal bin ich noch niemals in ein neues Jahr eingetreten. Wir haben zwar hin- und herberathen, wie man hier einen richtigen Sylvesterabend arrangiren könnte. Aber ein Punsch wäre sicher in diesem Klima nicht am Platze, also ließen wir uns zwei Flaschen Sodawasser kalt stellen, denen wir dann eine Flasche Sect hinzufügten. Auf dem Deck in bequemen Stühlen hingestreckt, genossen wir die herrliche laue Mondscheinnacht; aber schon um 10 Uhr übermannte uns der Schlaf, wir suchten unsere Cabinen auf und träumten uns in's neue Jahr hinüber.

Heute ist das Meer glatt wie Oel, so glatt, wie ich es selten gesehen habe. Die Wärme nimmt zu; auf der glatten Wasserfläche machen sich lange dunkle Streifen bemerkbar, aus denen die Rücken von Fischen mit ihren sägeförmigen Flossen auftauchen und wieder verschwinden, es sind Schwärme von Delphinen; der Seemann nennt sie „Schweinsfische".

Den 2. Januar.

„Wenn wir nicht Nebel bekommen, der in dieser Gegend sehr häufig ist, so sind wir morgen Nachmittag vor Calcutta," sagte gestern bei Tisch unser Capitain. Sonst sprechen Capitaine nicht gerne von vorausliegenden Dingen. Wir waren daher sehr gespannt, denn der Nebel mußte uns mindestens einen Zeitverlust von einem Tage bringen. In der Nacht wachte ich auf, da das Schiff stoppte. Ich sprang auf und sah zu meiner Luke heraus. Richtig, Nebel ringsumher! Der Vollmond, der sich dem Horizonte näherte, war ganz verschwommen und machte sich in dem Nebeldickicht nur durch einen schmutzig gelben Schimmer bemerkbar. Na! denn nicht! sagte ich mir, ließ die Uhr repetiren, die 2½ anzeigte, kroch in mein Bett und schlief wieder ein.

Ein lautes Durcheinander von Menschenstimmen weckte mich wieder, als der Tag bereits zu grauen anfing; ich merkte, daß das Schiff sich in langsamstem Tempo vorwärts bewegte. Die Stimmen kamen nicht vom Deck, sondern aus der Tiefe von der Schraube her, in deren Nähe meine Kabine lag. Gewiß wieder ein Tau zwischen die Schraube gekommen, wie auf der Fahrt durch den Suez-Kanal, dachte ich mir. Mit dem Schlaf war's nun vorbei, ich begab mich auf das Hinterdeck, um nach der Ursache des Lärms zu sehen. Da hatte sich denn ein kleines schwächliches Fischerboot, bemannt mit sieben schwarzbraunen Gesellen, hinten angehakt, um auf diese Weise die Fahrt stromauf bequem zu haben. Leute ihres Stammes aus dem Schiffsvolk, welches von den Offizieren abgesehen aus lauter Judern besteht, hatten einen heftigen Disput mit ihnen, der damit endigte, daß ein kleiner Korb voll Crevetten und 4 bis 5 etwa fußlange Fische mit ungewöhnlich langen Flossen an Bord gehißt wurden, augenscheinlich als Schlepperlohn, denn nun war der Friede hergestellt. Es geht hier nun einmal nichts ohne den gräulichsten Standal ab.

Wir waren bereits in die Mündung des Hugly, eines Armes des Ganges, eingelaufen; auf beiden Seiten sah man in weiter Ferne die dunklen Streifen der niedrigen Ufer.

7½ Uhr Morgens.

Wir fahren jetzt etwa 2½ Stunden auf dem Hugly stromaufwärts. Es ist heller Tag, aber die Ufer sind immer noch nicht näher gerückt. Die Mündung des Flusses gleicht eher einem Meer mit einzelnen sehr flachen Eilanden. Das Wasser ist schmutzig gelb. Die Fahrstraße ist durch Zeichen festgelegt. Nun wird der Capitain hoffentlich nicht zu bereuen haben, daß er gestern etwas vorausgesagt hat.

Nachmittags 5 Uhr.

Calcutta in Sicht!

Darjeeling, den 4. Januar, Abends.

Seit gestern Nachmittag 4 Uhr sind wir ohne Unterbrechung auf der Eisenbahn gewesen und soeben hierselbst, 7000 Fuß hoch, im Himalaya angekommen. In Calcutta hatte ich weder Zeit noch Gelegenheit, eine Zeile zu schreiben. Alles ging dort im Sturme her und schließlich sorgten wir, daß wir sobald als möglich weiter kamen.

Zunächst war die Ausschiffung entsetzlich, obgleich zwischen unserem Dampfer und dem Lande nur ein Raum von etwa 50ᵐ war. Dieser Raum war angefüllt mit zahllosen Barken, deren Führer sich unter einander und mit uns balgten, um uns aus Land zu bringen. Schließlich ließen wir alles gehen, wie es ging. Unser Gepäck war auf 3—4 verschiedene Barken verschleppt. Es blieb uns nichts übrig, als zuzusehen, bis der Kampf darum ausgefochten und alles auf einem Kahn vereinigt war. Dann stiegen wir hinein und kamen endlich ans Land.

Nun ging das Suchen nach einer Unterkunft los. Wir hatten schon vor 8 Tagen an das Great Eastern Hotel telegraphirt. Vergebens, alles war besetzt. Die Wettrennen waren im Gange. Nach langen Irrfahrten in einer elenden Kutsche und gefolgt von einer Bullen-Karre, die unser Gepäck mitführte, kamen wir in einem Hotel 2. oder 3. Ranges — im Billard-Zimmer unter, dessen Thüren nicht zu verschließen waren. Wir besorgten daher in Calcutta nur das allernöthigste Geschäftliche und nach einer Nacht, in der ich meinen braven Reisegefährten zuweilen tief stöhnen hörte, eilten wir auf die Eisenbahn, um weiter zu kommen.

Hier in Darjeeling haben wir ein einfaches, bescheidenes Quartier, welches einen angenehmen Gegensatz zu der schlechten Unterkunft in Calcutta bildet und uns deshalb besonders behaglich erscheint. Ich sitze vor einem flackernden Kaminfeuer; denn es ist hier sehr „frisch", was man recht empfindet, wenn man aus der heißen Ebene kommt.

Die Ganges-Ebene ist fruchtbar und ziemlich vollständig und gut angebaut, aber sie fesselt das Interesse nicht, wenn man viele ähnliche Gegenden gesehen hat. Unabsehbare Reisfelder und Plantagen von Cocos-Palmen wechseln mit

Dschungeln und Bambusgruppen — Letztere geben der Gegend zuweilen einen parkartigen Charakter. Die Bevölkerung wohnt weit zerstreut, sie scheint nicht sehr zahlreich, aber desto ärmer. Die elenden, mit Stroh gedeckten Lehmhütten sind meist unter den Bananenpflanzungen und Bambusgruppen ganz verborgen, was sehr malerisch wirkt.

Auch der Ganges als Fluß entspricht den Erwartungen nicht im Mindesten, die wir uns, vielleicht durch lotosduftende Romanzen beeinflußt, von demselben gemacht hatten. Der in weiten Grenzen wechselnde Wasserstand duldet keine Idylle an den Ufern, welche, wo ich den Fluß sah, stets ein weites sandiges Ueberschwemmungsgebiet bilden; und was den Verkehr auf dem Fluß anlangt, so habe ich einen solchen, abgesehen von dem Trajekt, den wir benutzten, überhaupt nicht bemerkt.

Wir reisten gemeinschaftlich mit einem älteren englischen Gentleman, der sich uns bei jeder Gelegenheit näherte und dadurch bewies, daß nicht alle Engländer auf Reisen so zurückhaltend und zugeknöpft sind. Mit der Zeit bekamen wir es heraus, weshalb er sich uns so häufig und freundlich näherte, er suchte Reisegesellschaft. Leider führten unsere Wege in der Folge diametral auseinander. Er kam von Bombay und hatte in Ahmedabad seinen gleichaltrigen Reisegefährten verloren. Beide waren daselbst am Fieber heftig erkrankt. Er selbst genas am vierten Tage, während sein Reisegefährte, ein sehr angesehener Mann, Mitglied des Parlaments, am fünften Tage gestorben war, trotzdem es ihm nicht an guter ärztlicher Hülfe gefehlt hatte. K. und ich sahen uns gegenseitig bedenklich an und beschlossen natürlich, Ahmedabad, obgleich es auf unserem Wege liegt, nicht zu besuchen.

Gegen 8½ Uhr Abends — es war schon ganz dunkel — kamen wir am Ganges an, der hier eine sehr bedeutende Breite hat etwa ¾ Kilometer) und wohl deshalb noch nicht überbrückt ist. Wir mußten auf ein großes zweistöckiges Dampfschiff steigen, auf dem wir ein Diner angerichtet fanden, welches uns gut mundete, da wir seit dem Tiffin in Calcutta um 1 Uhr Mittags nichts genossen hatten. Die Ueberfahrt, das Landen am jenseitigen Ufer und das Umladen des Gepäcks nahm fast eine Stunde in Anspruch.

In dem gut eingerichteten Salonwagen, in dem ich mit K. allein blieb, schliefen wir ganz leidlich. Am frühen Morgen kamen wir in Siliguri an, und hier mußten wir auf die schmalspurige Eisenbahn (2 englische Fuß Schienenweite) übergehen, die uns den Berg hinaufbringen sollte. Dieselbe ist in ihren Bauwerken, was Großartigkeit anbetrifft, mit der Gotthardbahn und ähnlichen Schienenwegen nicht zu vergleichen; sie hat z. B. gar keinen Tunnel und nur wenige Brücken, aber die geringe Spurweite erlaubt, daß sie Kurven von 70' Radius fahren kann. Sie schmiegt sich aufs Innigste an alle Berglehnen an und findet ihren Weg wie ein gewöhnliches Fuhrwerk. Von Alters her hat hier eine Fahrstraße bestanden, die nach dem Reich Sikkim führt. Diese Straße begleitet nun die Eisenbahn bald auf der rechten, bald auf der linken Seite, an ihr liegt auch eine Anzahl alter Ansiedlungen. In etwa 7 Stunden legt die kleine, aber gedrungene Maschine, welche 10 Tons wiegt, den 50 englische Meilen weiten Weg zurück und steigt dabei nahe an 7000 Fuß. Unser Zug mochte etwa 12 Waggons führen, die alle entsprechend klein und niedrig, meist ganz geöffnet waren, wie die Sommerwagen der Berliner Pferdebahn. Die Hauptsehenswürdigkeit auf diesem Wege ist die Vegetation, welche schon oft beschrieben ist. Bis zur Höhe von etwa 3000 Fuß*) sind die Abhänge meist mit undurchdringlichem Urwald bestanden. Diese Gegend, in welcher unter Anderem der bengalische Tiger hausen soll, ist außerordentlich fieberschwanger, so daß Europäer hier kaum wohnen können; sie führt auf der ganzen Ausdehnung des Himalaya den Namen Terai. Der Wald charakterisirt sich durch viele Schling- und Wucherpflanzen, durch Bambus und Banianen; die Schlingpflanzen, zuweilen so dünn, wie dicker Bindfaden, ziehen sich meist schnurgrade, und da sie nicht immer senkrecht, sondern auch schräge nach außen wachsen, machen sie den Eindruck, als seien sie bestimmt, die Bäume vor dem Umfallen zu schützen. Im Uebrigen ist die Zahl der Baumarten unendlich und dadurch unterscheidet sich der tropische Urwald hauptsächlich vom deutschen Walde. Schmarotzerpflanzen mit ungewöhnlich großen schönen Blättern decken häufig die mächtigen Stämme oder hängen als Festons von Baum zu Baum. Das Eindringen in dieses Pflanzen-Chaos ist, abgesehen von den materiellen Hindernissen, darum sehr erschwert, weil hier die Heimath der „Litsches", einer Art Blutegel, ist, welche die Fähigkeit haben, sich meterweit fortzuschnellen und sich wie kleine Pfeile aufrecht auf Menschen und Thieren festzusetzen, die sie durch ihren ätzenden Saug-Apparat empfindlich verwunden.

In der Höhe von über 3000 Fuß beginnen Theepflanzungen große Lichtungen zu bilden, doch ist die Gegend nicht so entwaldet, wie auf dem Wege nach „Nuwarra Eliva" auf Ceylon. Hübsche baulicke Anlagen der Pflanzer krönen zuweilen die Hügel und geben der Gegend ein malerisches, fremdartiges Ansehen. Hier geht die Bahn auch stellenweise hart an ungeheuren Abgründen vorbei; R., der an Schwindel leidet, setzte sich auf die andere Seite. Der Blick durch die Thalschluchten auf die ferne Ganges-Ebene mit dem goldig schimmernden Fluß ist großartig und bezaubernd. In einer Höhe von 3000 Fuß hören die Theepflanzungen so ziemlich auf. Farrenbäume treten zuerst einzeln, dann auch in Gruppen auf, doch sind letztere nie von größerem Umfang. Die letzte Region bis Darjeeling charakterisirt sich durch arg zerzausten Baumwuchs. Mächtige knorrige alte Stämme, mit grünem und braunem Moos und Flechten behangen, treten vielfach aus dem niederen verfilzten Unterholz hervor. Im Halbdunkel muß diese Region wahrhaft geisterhaft aussehen.

In und bei Darjeeling nimmt die Vegetation wieder ein frisches, üppiges Ansehen an.

Am Bahnhof fanden wir Abgesandte unseres Hotels „Drum-Druid", an das uns Herr Consul Ernsthausen von Calcutta aus empfohlen hatte, weshalb wir eine freundliche Aufnahme und wohnliche, saubere und — was die Hauptsache — warme Räume fanden.

Darjeeling, den 6. Januar.

Der Hauptzweck, um dessen willen man in erster Linie nach Darjeeling reist, ist und bleibt doch, den Anblick des gewaltigen Himalaya zu genießen, und wir hatten schon bei unserer Ankunft das Glück, daß gegen Abend der Wolkenschleier

*) Hier wie in der Folge sind, wenn nicht ausdrücklich das Gegentheil bemerkt wird, alle Maße englische

auf einige Minuten zerriß und uns wenigstens einen Theil der „Snows", so nennt man hier die Gebirgskette, zeigte. Für den nächsten Morgen wurde uns aber ein voller klarer Blick sicher in Aussicht gestellt.

Wir bestellten also Reitpferde und Führer auf 5 Uhr früh, um den Sonnenaufgang vom „Tiger-Hill" zu genießen, einem Berg, der, sechs englische Meilen entfernt, Darjeeling um ungefähr 1500 Fuß überragt, also 8500 Fuß hoch ist und völlig isolirt liegt. Da wir nicht ganz zur rechten Zeit geweckt wurden, kamen wir, obgleich wir den ganzen Weg in scharfem Trab und Galopp ritten, doch erst einige Minuten nach Sonnenaufgang oben an. Allein wenn wir auch noch weit früher gekommen wären, es hätte uns nichts genützt, denn die Sonne ging zwar in prächtig rothem Scheine, aber hinter dichten Wolken auf. Von den Schneebergen ließ sich durch den Nebelschleier nur hin und wieder eine glänzend beleuchtete Spitze erblicken. „Wenn die Sonne höher kommt, wird sie den Nebel bemeistern", tröstete uns unser Führer. So hielten wir denn über eine halbe Stunde auf dem Gipfel aus, trotz der nicht unbeträchtlichen Kälte, es mochten etwa — 3° R. sein, und trotz des scharfen Windes. Ich suchte in den etwas tiefer gelegenen Dschungeln Schutz und studirte während dessen die Flora. Es waren immer noch halbhohe Bäume dort; darunter fiel mir ein Roßkastanienbaum auf, der schon Blüthen und Knospen getrieben hatte. Es ist mir eigentlich unbegreiflich, wie hier das Alles gedeihen kann, da doch sehr häufig und sehr lange Eis und Schnee hier liegt. Auf dem Bergsattel, kurz unter der Höhe, sah ich die Trümmer eines großen massiven Baracenlagers; etwa 30—40 mächtige Schornsteine ragten noch unversehrt in die Luft. Der Führer erzählte mir, daß eine Truppenabtheilung hier gelegen, aber es vor Kälte nicht habe aushalten können. Die Regierung habe das Verbleiben der Truppen aus Gesundheitsrücksichten durchsetzen wollen, aber die Selbstmorde seien so häufig geworden, daß sie doch endlich nachgeben und das Lager auf eine tiefer gelegene Stelle verlegen mußte, wo es noch heute liegt.

Endlich rief mich der Führer nach oben. Der Schleier war zerrissen und ich sah die 28150 Fuß hohe Pyramide des Kinchinga klar daliegen, allmählig wurden auch andere Berge stückweise sichtbar; selbst der sehr entfernt seitwärts liegende, daher durchaus nicht imponirende höchste Berg der Kette, der 29002 Fuß hohe Everest wurde sichtbar; er zeigt die Form eines Zahnes, nicht unähnlich dem Matterhorn, von Riffel aus gesehen. Ich bekam so stückweise das Ganze zu Gesicht. Der Führer tröstete mich damit, daß er schon Reisende drei Mal nacheinander hierhergeführt habe, die noch weniger gesehen.

Wenn ich den Eindruck, den der Himalaya auf mich machte, mit dem der Schweizer Gebirge vergleichen soll, so muß ich zunächst darauf hinweisen, daß die Entfernung bis zur Spitze des Hauptberges, des Kinchinga, noch etwa 40 englische Meilen in der Luftlinie betrug. Die Schweizer Berge, also die Jungfrau, das Matterhorn und andere, hat man Gelegenheit in nächster Nähe zu betrachten, von Stellen, die einen Ueberblick fast vom Fuße derselben bis zu ihrer Spitze gewähren. Das wirkt unstreitig unmittelbarer, großartiger, überwältigender. Der Himalaya baut sich über einer Reihe von coulissenartig wirkenden Vorbergen auf, die, für sich schon imposant erscheinend, in einer breit gelagerten, stark zerklüfteten Kette von Schneegipfeln endigen.

ABB. 9. DER FASSANT IM FST. GARTEN ZU CALLSTA

Ganz ähnliche Ansichten kann man auch in der Schweiz haben, und nur solche kann man zum Vergleich heranziehen. Da muß dann natürlich das Urtheil gewaltig zu Gunsten der Himalaya-Kette ausfallen. Begreiflicher Weise gehört dazu etwas Reflexion, man muß den Vordergrund zuerst ins Auge fassen und dann von dem Abgrunde anfangend den Blick hinaufschweifen lassen von Berg zu Berg; so tritt Einem die ungeheure Größe vor Augen, so empfindet man auch wohl, daß diese Kolosse das Doppelte der Höhe der Schweizer Berge haben.

Weshalb geht man aber nicht näher heran und rückt, wie in der Schweiz, den einzelnen Gebirgsriesen auf den Leib? Ich hätte das ganz gewiß gethan, wenn es nur halbwegs so gut gegangen wäre wie in der Schweiz. Aber von dem Augenblick an, wo man Darjeeling in der Richtung nach dem Hochgebirge verläßt, kann man nur in einer Art Karawane vorwärts kommen, mit Zelten, Lastthieren, Proviant und zahlreichen Menschen. Leider sind auch nicht einmal zuverlässige, geübte Führer vorhanden. Die Bergsteiger, die dergleichen Touren hier machen, bringen sich meist Führer aus Europa mit. Und wenn man alle diese Schwierigkeiten überwunden hat, soll man doch auch nur relativ mäßige Erfolge erreichen und keine ungewöhnlich großartigen Eindrücke gewinnen, die über das hinausgehen, was man etwa in der Schweiz gesehen.

Das ist auch ganz erklärlich. Ueber die halbe Höhe des Berges kann man nur mit Ueberwindung außerordentlicher Schwierigkeiten hinauskommen,[*] da wird Einem durch die Verdünnung der Luft das Athmen erschwert und die Pulsschläge werden schwächer; man muß sich für solche Parforcetouren besonders trainiren und wenn man schließlich nicht den höchsten Gipfel erreicht, verdeckt doch immer noch ein Berg den anderen; die Einzeleindrücke sollen allerdings gewaltig sein, das ist keine Frage — aber einen Eindruck von der gewaltigen Gesammthöhe von über 28000 Fuß kann man nur sehr schwer und unter außerordentlich glücklichen Umständen gewinnen. Einen Begriff von der Gesammtmasse des Gebirgs kann man allein von einem Punkte haben, wie der, auf dem ich mich an dieser Stelle befand.

Ganz befriedigt trat ich also den Rückweg an, auf dem noch mehrmals größere Parthien der „Snows" dem Auge erschienen. Den Tag über blieben die Berge hinter dicken Wolkenmassen verborgen, die nächste Umgebung Darjeelings aber lag stets in klarem Sonnenschein da.

Heute morgen um 6 Uhr weckte uns unser Boy; ich hatte ihm dies nur für den Fall, daß die Berge klar würden, befohlen. Rasch stand ich auf, kleidete mich nothdürftig an und trat auf die Gallerie vor meinem Zimmer. Richtig, da glänzen sie ganz frei und besser sichtbar als gestern. Nun rasch vollständig in die Kleider. Während ich dies schreibe, liegt die ganze Kette des Himalaya, so weit sie von hier überhaupt sichtbar, klar vor uns da. Zuerst färbte sie sich, indem die Schleier mehr und mehr fielen, prächtig roth und zeigte uns ein wirkliches Alpenglühen. Jetzt liegt Alles im grellen, weißen Sonnenlicht da, selbst die verschiedenen Falten der Vorberge werden allmählig sichtbar, und die Wolken in der tiefen Schlucht, die uns von ihnen trennt, schimmern durchsichtig. Es wird ein schöner Tag werden, aber ganz können wir ihn hier nicht genießen. Um 10½ Uhr trägt uns der Miniatur-Eisenbahnzug wieder nach unten.

---

[*] Die Grenze des ewigen Schnees beginnt hier mit etwa 16000 Fuß.

Wer Darjeeling als einen geeigneten Platz für eine Sommerfrische ausfindig gemacht und sie als solche kultivirt hat, darf sich um die Hauptstadt des Reichs hochverdient nennen. Die Situation ist herrlich und eigenartig: Auf etwa sieben Hügeln, die ihre gemeinsame Basis in dem Thale des Ragnit- und Teste-Flusses haben, welche hier zusammentreffen, ist Darjeeling ausgebreitet. Die Hügel sind in der Regel oben abterrassirt und dienen einer einzigen großen Anlage, z. B. dem Sanatorium, einem breit hingelagerten, mit Hallen umgebenen und von Thürmen gezierten Bauwerk von zwei Etagen in Holzarchitektur.

Geschickt angelegte, gut gehaltene Wege verbinden die einzelnen Thale der Stadt, die nirgend eine compacte Bauweise zeigt: Alles Villen, Cottages, Hotels im Villenstyl und Einzelwohnhäuser, meist mit reichem Baumwuchs umgeben. Wo man geht und steht, hat man eine malerische Aussicht mit hohen, manchmal himmelhohen Bergen im Hintergrund. Hütten von Eingeborenen treten nirgends erheblich in die Erscheinung, wohl aber eine große Anzahl Handels-Buden. Darjeeling ist der Mittelpunkt des Handels von Sikkim, Nepal und Tibet, sowohl für die Eingeborenen selbst, als auch für die Fremden. Ich konnte hier mancherlei Erzeugnisse aus jenen Ländern preiswerth erstehen.

Unter den Eingeborenen tritt der Typus des Inders entschieden zurück gegen den des Mongolen. Auf der Fahrt hier herauf schon bemerkten wir, daß die Dörfer, in denen wir hielten, fast ausschließlich von Leuten mongolischer Rasse bewohnt sind. Die Mongolen sind offenbar schon vor dem Bau der Bahn den bereits erwähnten Paß entlang von Norden hierher vorgedrungen. Der Inder wagte sich wohl deshalb nicht in diese Höhe, weil es ihm hier zu rauh und kalt ist.

Der Weg von Calcutta hierher ist etwa so weit wie der von Berlin nach der Schweiz, aber das Paradies von Darjeeling lohnt reichlich die Mühe solcher Reise. Wir scheiden hochbefriedigt von hier.

Station Sonada, den 7. Januar.

Auf der Rückfahrt, die Abhänge des Himalaya herunter, ist meine Aufmerksamkeit nicht so in Anspruch genommen, daß ich nicht auf den häufigen Wasserstationen Muße fände, einige Bemerkungen niederzuschreiben.

Es ist hier Winter; man sieht dies daran, daß die Leute hin und wieder um ein Feuer kauern und sich so dicht als möglich in Lumpen und Säcke einhüllen. Für mein Auge und Gefühl herrscht Frühling bei angenehmer Morgenfrische. Alles ist grün ringsumher, es giebt hier wohl einige Bäume, welche die Blätter verlieren, aber die Zahl derselben ist verschwindend klein.

Die mongolische Bevölkerung macht im Vergleich mit den Hindus einen wenig angenehmen Eindruck. Die hervorstehenden Backenknochen, die strähnigen Haare stechen häßlich ab gegen die feinen Gesichter und die wohlgepflegten Haare der frauenhaften Hindus. Und nun erst die Haltung! Auch die Mongolenweiber tragen mit dem Kopf, d. h. sie haben die Last — selbst die Kinder machen keine Ausnahme — auf dem Rücken in einem Bündel, welches durch ein breites Band von der Stirne aus gehalten wird. Die Folge ist eine gekrümmte Haltung, und Buckel finden sich hier in Masse.

Bisher sah ich in Indien nur das bekannte klumpgestaltete Rindvieh mit dem

Höcker über der Schulter, und zwar in sehr kleiner Auflage. Hier war dasselbe in auffallend massigen Exemplaren vertreten. Als Joch dient ein an der Deichsel befestigter Querbalken von 7—8 Zoll Durchmesser, der zwischen Hals und Höcker paßt, als wäre er hineingewachsen. Das Vieh ist wohl von Norden hierher gebracht, denn hier ist beim Mangel jeglicher Weide an Züchtung nicht zu denken. An die Eisenbahn ist es nicht gewöhnt. Es sah gefährlich aus, wie die scheu gewordenen Thiere mit ihren Führern dem schwindelnden Abgrunde zudrängten.

Calcutta, den 8. Januar, Abends.

So wären wir wieder glücklich in Calcutta angelangt und haben diesmal in unserem alten Hotel einen etwas besseren gemeinschaftlichen Raum bekommen. Es gefällt uns aber in Calcutta sehr wenig, und wir werden eilen, weiter zu kommen. Den heutigen Tag haben wir noch benützt, um Besuche zu machen und die Stadt und Umgebung zu besehen; zum Tiffin waren wir beim Generalconsul von Bевking eingeladen, der sich alle Mühe gab, den schlechten Eindruck, den wir von Calcutta empfangen, zu verwischen, und der uns auch sehr werthvolle Empfehlungen und Auskünfte für die Weiterreise zu Theil werden ließ.

Den mit Recht berühmten Botanischen Garten haben wir heute Vormittag besichtigt; ich muß demselben in vieler Hinsicht den Vorrang vor allen ähnlichen Gärten einräumen, die ich bisher gesehen habe, denjenigen von Peradenya nicht ausgenommen. Letzterer ist mehr ein Naturbursche, während der hiesige als höchstes Kunstprodukt, als das Werk von Jahrhunderte langer, von einer verschwenderischen Natur unterstützten Menschenarbeit zu bezeichnen ist. Er stellt einen großartigen Park dar mit wohlgepflegtem Rasen, Seen und Teichen. Nie ist mir die Wucht der tropischen Pflanzenwelt so aufgefallen wie hier an einzelnen Stellen. Als Cabinetstück wird der große Banianen-Baum angesehen, welcher einen Stammumfang von 42 Fuß, einen Kronenumfang von 855 Fuß und 232 Luftwurzelstämme hat. Er ist nur 100 Jahre alt und einmal von einem Cyclon stark mitgenommen, so daß sein Hauptast von einem Mauerpfeiler getragen werden muß. Sein College in Madura ist kleiner, aber viel schöner.

Der Weg zum Garten führt ³⁄₄ Stunden lang durch eine Eingeborenenstadt und ist nichts weniger als angenehm. Ueberhaupt präsentirt sich die Stadt, welche von dem Eingeborenen-Element stark durchsetzt ist, sehr unvortheilhaft. Nur im Hafen und in der Umgebung der Citadelle macht sie einen modernen groß- städtischen Eindruck. In dieser Beziehung ist sie Madras ähnlich, dort aber ist die Eingeborenenstadt von derjenigen der Europäer fast ganz getrennt, weshalb sich Madras sehr vortheilhaft vor Calcutta auszeichnet.

Die Handelsflottille, die auf dem Huglyfluß liegt, ist grandios und wohl mit derjenigen im Hafen von Hamburg zu vergleichen. Das deutsche Element ist hier stark vertreten und recht angesehen. Schade, daß wir uns nicht Zeit genommen haben, die liebenswürdigen Anerbieten, die uns von verschiedenen Seiten gemacht wurden, zu benützen -- aber es drängt uns nun einmal, von hier fortzukommen.

Die Nordprovinz, Radiputana und Bombay.

Benares, den 10. Januar.

Spät Abends fuhren wir gestern von Calcutta ab und schliefen in einem Salonwagen ganz leidlich. Es wurde indeß in der Nacht so kühl, daß wir davon erwachten und nach unseren Mänteln suchen mußten. Als uns früh Morgens die Sonne weckte, befanden wir uns in einer von grünen Saaten bedeckten weiten Ebene. Gerste, Weizen, Dari und andere, auch bei uns heimische Getreidearten standen so weit im Halm, wie bei uns etwa im Juni. Wenn nicht die Cocos-Palmen gewesen wären, welche die Felder umsäumten, so hätten wir uns nach Deutschland versetzt glauben können. Die Gegend, welche wir später durchfuhren, ist weniger fruchtbar und stellenweise fast öde, zuletzt wechselten Reisfelder mit Dschungeln und Palmengruppen ab.

Als wir gegen Mittag in Benares den Zug verließen, entdeckten wir, daß wir mit dem Consul Schmidt-Ernsthausen, den wir in Calcutta kennen gelernt hatten, in demselben Zuge gefahren waren, und daß wir wenigstens für die nächsten 8 Tage dieselben Reise-Pläne hatten. Auch ein junger Engländer, Namens Roß, war mit von der Parthie, ein für uns sehr vortheilhafter Umstand, da er schon früher diese Gegenden bereist hat.

In Clarks Hotel fanden wir leidliche Unterkunft; aber ohne auf unseren Appetit zu achten, bestiegen wir gleich nach der Ankunft zwei Wagen, um noch den halben Tag gut auszunutzen. Es wurden zunächst die Merkwürdigkeiten im Innern der Stadt besichtigt. Ich erwähne dieselben, ohne Zeit zu finden, sie genauer zu beschreiben. Ein „College", eine Art Universität, ist ein bedeutender, in englisch-gothischem Styl ausgeführter moderner Bau, den man hier nicht erwarten konnte. Das sogenannte Obscrvatorium, hoch am Ufer des Ganges gelegen, ist der alte Palast eines Maharadjah und hat auf seinem flachen Dache eine Sternwarte in alt-indischem Styl; daher der Name. Eine prächtige Aussicht bot sich hier über den mächtigen Strom und die auf dem linken Ufer desselben gelegene Stadt. Im sogenannten Affentempel, der an einem großen ummauerten Bassin liegt und in schönem alt-indischen Style ausgeführt ist, fütterten wir die heiligen Insassen, deren etwa 100 sind; früher soll ihre Zahl über 3000 betragen haben. Wir beendeten unsere Rundfahrt am Bazar, der einen kläglichen Eindruck macht und auch nur geringe Kaufgelegenheit bietet. Ich bin der Ueber-

zeugung, daß die sogenannte Benares-Waare, die blanken getriebenen und gravirten Kupferwaaren, hier nicht mehr in guter Qualität und erheblicher Menge angefertigt werden.

Abends bei Tisch machten wir die Bekanntschaft des Orientalisten Professor Duysen aus Kiel, der schon 14 Tage hier lebt und uns deshalb sehr schätzenswerthe Auskünfte geben konnte. Seine kleine, tapfere Frau begleitet ihn auf seiner Forschungsreise.

Der heutige Tag wurde zunächst zu einer Bootsfahrt auf dem Ganges benutzt. Derselbe macht hier einen weiten Bogen, an dessen convexer Seite fast Alles liegt, was an Benares wirklich interessant ist. Von Alters her war es Brauch, daß die Fürsten des Landes an dieser Stelle sich Paläste bauten, um zeitweilig in dem „Mekka der Inder" zu residiren. Wer hier stirbt, kommt ohne Seelenwanderung gleich ins Paradies, und auch schon bei Lebzeiten kann man hier durch Waschungen im heiligen Strome seine Sünden bequem loswerden. Ein Theil der großartigen Paläste ist durch die Hochfluthen unterspült und in den Strom gesunken; die Trümmer derselben bilden vielleicht den am meisten malerischen Theil der Ufer.

Recht unterhaltend ist es, das Treiben des Volkes am Strome zu beobachten, zu welchem von dem etwa 15m hohen Ufer überall breite steinerne Treppenanlagen hinunterführen. Alle Einwohner, welche früh Morgens abkommen können, namentlich auch alle derzeit in Benares anwesenden Pilger, begeben sich über diese Treppen zum Bade. Die Masse des Volkes nimmt das Bad im seichten Strombette; die Reichen benutzen kleine Badeschiffe, durch die sie dem Anblick der Neugierigen entzogen werden. Ein bunteres Bild, als das, welches die malerisch gekleidete braune Bevölkerung auf den Treppen bietet, ist kaum zu denken. Letztere sind zugleich Wasch- und Trockenanstalten und gewähren dabei noch einer Anzahl heiliger Kühe mit ihren Kälbern einen privilegirten Aufenthaltsort.

Mitten in der lustig plätschernden und plaudernden Menge, an zwei Stellen unmittelbar an dem als Lehmbank abfallenden Ufer, findet auch der Akt der hier allgemein üblichen Leichenverbrennung statt. Wir trafen es sehr günstig, um einem solchen Vorgang beizuwohnen, denn drei Leichen waren zugleich am Platze. Die eine lag in weiße Tücher gewickelt am Ufer, die Füße im Wasser, das mit rothen und gelben Blumen bedeckte Gesicht war durch einen Schleier verhüllt; es sah aus, als wenn der Kopf zerschmettert wäre. Eine zweite Leiche wurde eben gewaschen, das heißt, es wurden einige Krüge Wasser über sie ausgegossen; dann wurde sie auf eine Anzahl lose, über einer im Lehmboden befindlichen Rinne geschichtete Holzscheite gelegt, entkleidet und mit anderem Holze, meist Wurzelwerk, zugedeckt. Der ganze pyramidenförmige Haufe, einschließlich der Leiche, hatte kaum den Inhalt eines Raummeters. Nun wurde von einem etwas höher gelegenen Mauerklotz ein kleines Bündel glatten harten Strohs heruntergeworfen. Der größere Theil davon wurde zwischen die Holzscheite praktizirt; mit der übrig gebliebenen Handvoll Stroh kletterte ein junger Mann, der Sohn des Verstorbenen, nach dem erwähnten Mauertheil hinauf, der eine Art Terrasse bildet, auf der das „heilige" Feuer brennt, entzündete sein Büschel und sprang wieder herunter. Allmählig knisterte das kleine Scheiterhäufchen in hellem Feuer. Auf einem gegenüberliegenden Mauertheile erschien darauf ein mit der üblichen Landestracht angethaner Mann, der etwa 20—30 Worte herplapperte, um dann wieder zu verschwinden. Man sagte, das sei der Priester gewesen, der den Leichensegen gesprochen.

An einer dritten Stelle befand sich ein kleiner im Verglimmen begriffener Scheiterhaufen. Ein junger Mann — es war wieder der Sohn des betreffenden Verstorbenen — häufelte die Reste des noch unverbrannten Holzes über die glühende Mitte, als an der Stelle, wo soeben der Priester gestanden hatte, etwa ein Dutzend männliche Personen aller Altersstufen erschienen; jeder hatte ein kleines Bündel Reisig in der Hand und warf es von oben herab in die Flammen. Das war die letzte Ehre, welche die Verwandten des Todten diesem in der feurigen Lohe erwiesen.

Unglaublich ist es, mit welchem Gleichmuth und welcher Geschäftsmäßigkeit die ganze Ceremonie betrieben wurde, von Klagen oder gar Thränen keine Spur! Als der oben erwähnte Sohn mit einer langen Bambusstange das Feuer schürte, mußte ich unwillkürlich an meine Kinder denken, wenn sie im Herbst im Gartenfeuer Kartoffeln backen.

Erklärlich ist jene Gleichmüthigkeit bei diesem traurigen Akt durch die Glaubenslehre des Buddhaismus, welche dieses Leben — noch mehr wie die christliche Lehre — lediglich als Vorbereitung für ein zukünftiges besseres Leben betrachtet und deshalb den Tod als ein ganz natürliches, fast glückliches Ereigniß preist.

Wir warteten den letzten Akt der Ceremonie, der darin besteht, daß die Asche in den Ganges gestreut wird, nicht ab, sahen aber, wie ein Knabe damit beschäftigt war, die Aschentheile der zuletzt verbrannten Leiche aus dem Wasser herauszufischen und in einem Korbe durchzusieben, sodaß nur die größeren Stücke darin blieben. Die so gewonnenen Holz- und Knochen-Kohlen kommen sofort auf den Markt, um an die Handwerker, die sie zu Lößzwecken gebrauchen, verkauft zu werden. Unser Führer erzählte uns, daß die Leichen kleiner Kinder und der Priester nicht verbrannt, sondern, wie sie sind, dem Ganges übergeben werden. Es soll mich wundern, wie lange die britische Regierung dieses Gebahren, vom hygienischen Standpunkte betrachtet, eine grobe Unsitte, noch dulden wird. Nur ungern und immer sehr behutsam greifen die Engländer in das religiöse Leben und Treiben der von ihnen Beherrschten ein; um so größeren Dank verdienen sie dafür, daß sie die Sitte der Verbrennung der überlebenden Wittwen mit Energie unterdrückt haben. Früher wurde die überlebende Wittwe bei wenig bemittelten Ständen mit dem Leichnam ihres Gatten zusammengebunden und an jenen Platz am Ufer des Ganges gebracht, wo dieses grausige Bündel dann genau so behandelt wurde, wie ich es eben von der einzelnen Leiche beschrieben habe. Ich bin fest überzeugt, daß es auch mit derselben Gemüthsruhe und Geschäftsmäßigkeit geschah. Heimlich soll diese Barbarei noch lange fortgetrieben worden sein; heute ist sie wohl, Gott sei Dank, fast ganz beseitigt. Wer sich noch an solchem Frevel betheiligt, wird wegen Theilnahme am Morde mit dem Tode bestraft.

So großartig und stolz sich das linke nördliche Ufer des Ganges dem Auge darbietet, so öde und traurig stellt sich das rechte dar, als sandiges baumloses Ueberschwemmungsgebiet, nur am fernen Horizonte durch den dunkelgrünen Streifen einer baumbewachsenen Ebene begrenzt. Der Ganges ist hier etwa

BENARES

5—600 m breit und führt derzeit nur mäßig große Wassermassen, die nach der Regenzeit und, wenn der Himalaya seinen Beitrag leistet, in's Ungeheuerliche wachsen müssen; denn etwa 15 m über dem jetzigen Wasserstande waren an dem Mauerwerk einer Bastion die Marken angebracht, welche anzeigten, wie hoch der Fluß zu gewissen Zeiten angeschwollen war.

Die innere Stadt, sagen wir die City, ist mit keiner der bisher von mir besichtigten zu vergleichen. Mit ihren engen Gassen, den zahlreichen Hallen, Balkonen und Erkern an den Häusern, erinnert sie fast an Venedig und würde einem Maler die schönsten Motive liefern. Offenbar ist sie ein Denkmal der Glanz-Herrschaft der Mohamedaner, die hier jetzt fast ganz verschwunden sind. Die Hindu-Viertel, d. h. die Vorstädte jener City, sehen dagegen gräulich aus: Mauerlöcher, Erdhöhlen, von denen nur ausnahmsweise durch eine Wand ein Schlafkämmchen abgetheilt ist; darin wohnen hier die unteren Klassen zu allermeist. Hat man dagegen diese Quartiere durchschritten, so findet man im äußersten Rayon gut angelegte, breite chaussirte Wege zwischen Alleebäumen, das Land ringsumher parkartig bepflanzt. Darin liegen, mit großer Raumverschwendung angelegt, die Häuser der Europäer und einiger wenigen reichen Eingeborenen. Letztere sind zumeist abgefundene Potentaten und Pensionäre des britischen Gouvernements.

Den 11. Januar.

Die sogenannten Schlangenbändiger spielen in den größeren Städten Indiens eine Hauptrolle, namentlich auf der Straße vor den Gasthäusern. Sobald neue Fremde angekommen sind, ertönt auch die schnarrende Pfeife, die fast wie ein Dudelsack klingt, und dazwischen die jammernde Stimme mit dem immer wiederkehrenden Stichwort „Cobra". Die Neulinge stürzen heraus, denn jeder will so etwas einmal sehen, und dann geht es ihnen häufig wie unserem Freunde K. in Colombo. Der Bändiger ist auch zugleich ein Zauberkünstler, der die dargeliehenen Rupien auf Nimmerwiedersehen verschwinden läßt. Der Mann vor unserem Bungalow in Benares hatte ein besonders urwüchsig martialisches Ansehen, er spielte mit einer großen Cobra und einem kleinen Ichneumon. Bekanntlich sind diese beiden Thiere Erbfeinde, und so schossen sie denn auch heftig aufeinander los; aber der kluge Mann hielt die Schlange am Schwanze, das Ichneumon am Seile fest und ließ es zu einer Katastrophe nicht kommen. Wir zeigten ihm eine blanke Rupie, forderten aber vor der Hergabe, daß der Kampf auf Leben und Tod vor sich gehen müsse. Darauf steckte er die Cobra, die ihm wohl zu kostbar war, in seinen Korb und holte zwei andere kräftige Schlangen heraus, wohl anderthalb Meter lang und von entsprechender Dicke. Das sollten die Kämpfer sein. Gut! Aber die zunächst zum Kampf bestimmte Schlange hatte keine Lust loszugehen; zwei kräftige Schläge mit der flachen Hand auf den Schwanz waren nöthig, um sie in die richtige Kampfstimmung zu versetzen. Die Natter richtete sich hoch auf, und zwar gegen ihren Peiniger. Nun kam das Ichneumon auf den Plan, ein stark behaartes Thier, wie eine Ratte aussehend, doch etwa doppelt so groß wie diese. Das Ichneumon brauchte nicht erst angefeuert zu werden, stürzte sich vielmehr sofort auf seine Gegnerin. Sein Bestreben ging offenbar

einzig und allein dabei, den Kopf der Schlange zu erfassen, während diese sich
dem zu entziehen suchte, indem sie gleichzeitig rechts und links Stöße auf den
dicken Pelz des Feindes führte, ohne sich indeß festbeißen zu können. Endlich
kam das Ichneumon zum Ziel; es hatte den verhältnißmäßig kleinen Kopf der
Schlange in seinem Maul und ließ denselben nicht los. Diese machte nun
verzweifelte Anstrengungen und ringelte sich eng und dicht um den Leib des
Gegners; beide rollten darauf eine Weile im Straßenstaube umher; das ging so
schnell, daß man die einzelnen Bewegungen der Thiere kaum verfolgen konnte.
Es dauerte aber nicht lange, da wurden letztere langsam und hörten endlich auf.
Der Bändiger faßte nun die Schlange beim Schwanz und wickelte sie ab, sie
war todt und zuckte nicht einmal mehr. Der zweite Kampf verlief ganz genau
wie der erste.

Unser Bändiger und Zauberer wollte uns aber noch mehr Rupies entlocken;
er langte wieder seine große Cobra heraus und drückte mit der rechten Hand
ihren Kopf, so daß ihr Mund sich öffnete und die hervortretenden Giftzähne
deutlich sichtbar wurden; dann preßte er einen Finger seiner linken Hand auf die
Giftzähne, sodaß ein Blutstropfen aus demselben hervorquoll. Darauf holte er
aus seiner Tasche ein Stückchen schwarze Masse, das wie Pech aussah, klebte
es auf die Wunde und erklärte nun, daß wir sehen würden, das Gift schade
ihm nichts, und wir würden gut daran thun, uns solch vortreffliches Mittel für die
fernere Reise auf alle Fälle anzuschaffen. Als trotzdem Niemand Lust zeigte,
das kostbare Arcanum zu erwerben, sein Blick vielmehr nur ungläubigen Mienen
begegnete, griff er in einen kleinen Deckelkorb, holte eine täckige Hand voll
Scorpione heraus und setzte sie vor sich auf den Boden. Mit großer Behendigkeit
stob das häßliche Gewürm nach allen Seiten auseinander, aber noch behender
die Corona der Zuschauer, die Damen natürlich mit großem Geschrei. Mit
Hülfe eines kleinen Burschen, den ein Zauberer stets als Handlanger benöthigt,
waren die Thiere bald wieder auf einen Haufen gelesen und in den Korb
zurückgebracht. Eins derselben aber, das größte und wildeste faßte der Meister
am Kragen und zeigte nun den wiederversammelten Zuschauern, wie das Thier
den stachelbewehrten Schwanz über den Rücken bog und ihm in die Hand stach.
Auch diese giftige Verwundung tödtete den Mann augenscheinlich nicht; das
Mittel hatte hier vorbeugend gewirkt. Trotzdem kauften wir ihm dasselbe nicht
ab, aber eine zweite Rupie haben wir ihm doch noch gegeben.

Agra, den 14. Januar.

Erst hier komme ich wieder zur Ruhe und zum Schreiben, nachdem wir in
den letzten Tagen etwas angestrengt gereist sind. Die Entfernungen, die auf
unserer Landkarte so klein aussehen, erfordern Tag und Nacht, bis sie mit der
Bahn durchfahren sind; ich kann daher unmöglich Alles beschreiben, was mir
aufgefallen; ich will nur sagen, daß die umgebende Ebene, die wir durchfuhren,
meist recht fruchtbar, gut angebaut und mit Baumparthien durchsetzt ist, unter
denen ich den schönen Mangobaum und die Tamarinde stets wieder erkannte;
die Palmen sind hier oben seltener. Das Wetter ist herrlich, wie bei uns an
schönen Septembertagen, Mittags heiß, Nachts kalt, früh und Abends frisch mit

leichten Nebeln. Das Reisen verursacht in dieser Hinsicht keine Beschwerden, auch staubt es nur selten und wenig, obgleich großer Regenmangel herrscht.

Ich will nur Einiges von unserem Besuch in Lucknow erzählen. Eigentlich wollten wir garnicht in Lucknow anhalten; die Stadt ist mehr durch die Geschichte des Militairaufstandes (mutiny), der im Jahre 1857 stattfand, als durch ihre Bauwerke bekannt, bezw. berühmt. Unserem Reisecollegen Roß zu Gefallen besuchten wir indeß die Stadt und haben es nicht bereut. Freilich haben uns die dort vorhandenen Bauten, Paläste und Mausoleen der Könige von Oudh, obgleich sie gewaltig in ihren Dimensionen und kostspielig in der Ausführung sind, wenig imponirt; es sind alles in Putz und Stuck ausgeführte Theater-decorationen, die nicht den Stempel erster Kunstwerke tragen. Dagegen habe ich mit Interesse gesehen und an einem lehrreichen Beispiel studirt, wie man ein großes geschichtliches Ereigniß bei der Nachwelt dauernd in lebendiger Erinnerung erhalten kann.

Bekanntlich rebellirte im Jahre 1857 der größte Theil der von den Engländern bewaffneten und einexercirten eingeborenen Truppen. Der Befehlshaber von Lucknow, Lawrence, zog einem Theil der Rebellen, die sich Lucknow näherten, mit der Garnison entgegen, wurde aber geschlagen und mußte sich in die Stadt zurückziehen; eine große Anzahl Engländer mit Frauen und Kindern flüchteten gleichfalls in dieselbe. Letztere hatte kein Fort, wie dies sonst in den meisten occupirten Städten vorhanden ist. In der Eile befestigte daher Lawrence einen Theil der Stadt und verproviantirte diesen so gut als möglich. Glücklicherweise ließen ihm die Rebellen hierzu einige Wochen Zeit, dann aber begann die Belagerung durch eine Armee, die im Laufe der Zeit auf 50000 Mann anwuchs und die mit Kanonen und Allem wohl versehen war. Die Zahl der Vertheidiger konnte nur auf 4400 Mann gebracht werden, darunter Greise und Schüler. Die größere Hälfte bestand außerdem aus bisher treu gebliebenen Sepoys und Sikhs, die Anfangs nicht unbedingt sicher waren, theilweise auch im Laufe der Belagerung zum Feinde übergingen. Die Schwierigkeit der Vertheidigung wurde dadurch erheblich erhöht, daß Häuser und Moscheen nur eine Straßenbreite von der Vertheidigungslinie entfernt standen; man hatte in der Eile dieselben nicht rasiren und so ein Glacis schaffen können. Dennoch widerstand diese kleine Schaar, die dabei auf die Hälfte zusammenschmolz, in einem fast ununterbrochenen Ringen auf Leben und Tod 6 volle Monate, bis der Ersatz herankommen konnte. Gegen 600 Weiber und Kinder waren gerettet, ein Drittheil war in Folge des Elends umgekommen oder Verwundungen erlegen. Man hat nun diese That dadurch verewigt, daß man den Ort des Kampfes und die Trümmer, welche Zeugniß von demselben ablegen, soweit als angängig, konservirt und vor weiterem Verfall geschützt hat. Eine Anzahl Ruinen stattlicher massiver Gebäude, darunter die ehemalige Residenz des Gouverneurs, liegt heute malerisch von Schlinggewächsen überwuchert in einem prächtigen Park, der stellenweise begrenzt ist von den Bruch-stücken einer Festungsmauer und alter Thore. Alles zeigt deutlich die Spuren ein-geschlagener Flinten- und Kanonenkugeln, nicht etwa auf einer, sondern auf allen Flächen und Facaden, ein Beweis, daß der Kugelregen von allen Seiten kam. Verschiedene Monumente ehren die hier gefallenen Anführer der Vertheidiger, darunter auch den tapferen General Lawrence; kleine Marmortafeln, an den

Ruinen angebracht, verewigen die Namen von Bürgern und Soldaten, die an der betreffenden Stelle ihr Leben ließen; auch fehlen die Namen von Frauen nicht, die in ihren unterirdischen Zufluchtsorten von den Granaten zerschmettert wurden.

Wir standen grade vor einem Kellerraum von etwa 6ᵐ Breite und 10ᵐ Länge, in welchem damals 50 Frauen Zuflucht gefunden hatten, als plötzlich unser Reisegefährte Roß sagte: „Hier wurde mein Freund Frarrer geboren." Frarrer, der Vater, war Arzt, zeichnete sich besonders aus und überlebte auch die Belagerung.

Auf der höchsten Stelle der Anlage, von wo man einen weiten Blick in die Ebene des Goomtee-Flußes hat, liegt der Kirchhof mit seinen Massengräbern und den entsprechenden Denksteinen und Inschriften.

Ich kann mir in der That keine Form denken, in welcher man eine Begebenheit, wie sie hier sich abspielte, besser verewigen und der Nachwelt als nachahmenswerthes Beispiel überliefern könnte. Unwillkürlich kam mir der Vergleich mit den Orten in den Sinn, wo die Großthaten der Deutschen 1870/71 sich vollzogen haben. So wie hier ließen sich diese Thaten allerdings nicht verewigen, trotz der Liebe und Opferwilligkeit von allen Seiten, aber etwas besser hätte sich die Sache doch anfassen lassen.

Lucknow scheint in der Folge allerdings das gehätschelte Kind des Gouvernements gewesen zu sein, eine besser gehaltene moderne Stadt habe ich sonst in Indien nicht gefunden. Schriftsteller aus früheren Zeiten haben Lucknow eine Stadt genannt, die von Außen wie ein Feenmärchen aussehe, die man aber nur nicht im Innern besichtigen dürfe, wenn sich nicht aller Zauber auflösen solle; das trifft heute nicht mehr zu. Allerdings hat die Stadt wohl viel von ihrer äußeren Form durch die Belagerung eingebüßt, denn was nicht solide war, namentlich alle Holzarchitekturen, deren es in den von Mohamedanern kultivirten Städten viele giebt, sind draufgegangen.

In Agra, der Stadt, welche wohl von allen Orten Indiens bei weitem das größte architektonische Interesse bietet, habe ich am heutigen Tage schon so viel Schönes gesehen, daß ich nicht weiß, wo ich mit meiner Beschreibung anfangen soll. Ich lasse daher zunächst diese Zeilen abgehen. Ich fühle mich ganz besonders wohl und frisch, wie immer, wenn ich vor einer großen Aufgabe stehe.

Agra, den 15. Januar.

Drei Tage lang habe ich nun in Agra umhergeschweift und all' das Schöne und Große gesehen, welches dieser Platz und seine Umgebung birgt. Heute am Sonntag früh habe ich mich, um diesen Tag in Beschaulichkeit zu genießen, an den Ort zurückführen lassen, dem ich den Preis des Schönsten ohne Zaudern zuerkenne. Es ist dies der Königspalast in dem Fort oder der Citadelle von Agra. Diese ist noch fast intakt erhalten, sie liegt an die Stadt angelehnt auf einem Hügel und bildet ein mit Bastionen und ausspringenden Rundthürmen versehenes Oval von einer englischen Meile in der größten, einer halben englischen Meile in der kürzesten Ausdehnung. Die dreifachen Mauern mit Gräben dazwischen sind aus rothen Sandsteinquadern aufgeführt, mit Zinnen und Vertheidigungs-Erkern gekrönt, und erheben sich im Durchschnitt etwa 25ᵐ über ihre

LUCKNOW
Mausoleum mit Gartenanlage

Umgebung. Schon die Zeitung für sich bietet einen imponirenden Anblick; über derselben aber erheben sich, neben mächtigen rothen Bauwerken, auf dem höchsten Gipfel die weißschimmernden Marmorbauten des Königspalastes.

Das weite Innere des Platzes bildet ein wahres Labyrinth von Bauten und Fahrwegen; letztere führen bald in die Tiefe, bald hoch über andere Straßen hinweg. Man gelangt ins Innere durch vier mächtige Thorbauten mit fortificatorischen Einrichtungen, ganz wie an unseren alten Burgen. Es würde geradezu bedenklich sein, sich ohne Führer in dieses Labyrinth von Bauten zu wagen mit ihren vielen großen und zahllosen kleinen Höfen und Höfchen, welche letzteren wiederum durch ihre Thürme, Gallerien, Hallen und Erker an unsere mittelalterlichen Burghöfe erinnern. Die größten dieser Höfe dienen heute den modernen militairischen Anforderungen der 3⁾ Rothröcke, welche die Besatzung bilden. Lange Reihen alter plumper Geschützrohre, längst überwundene Hinterlader und plumpe Mörser bedecken den großen Hof und sind augenscheinlich dazu bestimmt, den Eingeborenen einen heilsamen Respekt einzuflößen. Dieser Hof hat ehemals den großen Volksversammlungen gedient, wenn der König in der daneben liegenden großen Marmorhalle öffentlich Recht sprach. Hinter der letzteren liegt der Burggarten, der mit Hallen umgeben ist, und hinter diesem befindet sich eine breite Terrasse, an die sich der eigentliche Palast schließt, ganz in weißem Marmor erbaut und durch farbige Intarsen geziert. Es würde mich zu weit führen, wenn ich auf alle Einzelheiten desselben eingehen, die Säle, Zimmer und raffinirt eingerichteten Badezimmer u. s. w. beschreiben wollte. Als eigenthümlich will ich nur hervorheben, daß nirgends eine innere große Treppenanlage oder ein Vestibül vorhanden ist; man gelangt vielmehr von einer Terrasse zur andern durch meterbreite Treppen, die in der Dicke der Mauer Platz finden und deren Stufen etwa 25 cm Steigung bei 18 cm Auftritt haben. Allerdings erleichtern Terrassen in verschiedenen Höhen den Aufstieg, die Treppen sind niemals höher als eine kleine Etage und setzen sich nie unmittelbar zum nächsten Geschoß, bezw. Terrasse fort. Ich habe nicht dahinter kommen können, ob dies nicht früher anders war. Auch die Corridore, die um die Zimmer führen, sind nicht über 90 cm breit und liegen in der Dicke der Mauern.

Ich habe mir nun zu meinem Sitze die schönste Stelle in der ganzen Anlage gewählt. Aus den Gemächern, die einst die Lieblingsgemahlin des Königs Shah Jehan bewohnte, bin ich herausgetreten auf einen Balkon, der ein rundes Thurmzimmer umgiebt. Alles gleißt und glänzt um mich in weißem Marmor, der mit farbigen Intarsen oder mit zarten Reliefs geschmückt ist. Eine wahrhaft königliche Umgebung. Aber das ist es nicht, was mich diesen Ort hat wählen lassen. Das Thurmzimmer ruht auf einem der runden Bastionsthürme an einer stumpf ausspringenden Ecke der inneren und höchsten Umfassungsmauer. Links und rechts setzt sich letztere mit in mäßiger Ferne mit je einem mächtigen rothen Thurme abschließend. Vor mir aber breitet sich im herrlichen Glanze der Morgensonne, noch mit einem leichten Nebelschleier bedeckt, die weite grüne baumbestandene Ebene des Jumna-Flusses aus; im nahen Vordergrunde, etwa 40 m tiefer gelegen, windet sich der letztere durch sein sandiges Bett. Links flußaufwärts schimmert die weiße Stadt durch die Bäume und verliert sich der Strom gleichsam in einem Walde, aus dem mächtige dunkle Kuppeln hervorragen. Rechts, stromwärts, aber tritt aus dem Nebel die wunderbare feenhafte, Silhouette der Taj-Mahal mit ihren mächtigen Nebenbauten hervor. An die moderne Gegenwart erinnert mich die aus 17 eisernen Jochen bestehende Eisenbahnbrücke, welche den Jumna überspannt, an die Vergangenheit mein Führer, der mir soeben erklärt: „In dem tiefen Graben dort unten pflegten die Tiger und Elephanten-Kämpfe stattzufinden, denen die Frauen von hier aus zusahen, während der Großmogul auf dem links über das rothe Mauerwerk ausgetragten Marmorballon mit seinen Großen saß."

Innmitten dieses Schlundes steht ein grüner mächtiger Baum. Es weht kein Lüftchen, aber doch scheint das Laub immerwährend in Bewegung: Eine Menge grüner Vögel, eine Art langgeschwänzter Papageien, verursacht die Täuschung, die Beeren müssen ihnen wohlschmecken. Auch die ganze Luft ist lebendig, große Falken und kleinere, schwarz und weiß gezeichnete Vögel schwirren umher. Ihr Geschrei und Gezwitscher contrastirt sehr mit der Ruhe, die hier sonst herrscht, man hört weder Wagengerassel noch auch das Gewühl von Menschen. Ein großer Geyer mit nacktem Halse sitzt unbeweglich auf einer Zinne und wartet mit auffallender Ruhe die Zeit ab, wenn er zu interveniren hat.

Akbar der Große, der Eroberer Indiens, erbaute dieses Schloß, und sein Sohn Shah Jehan, derselbe, der auch die Taj-Mahal erbaute, vollendete es durch Errichtung des Marmorpalastes als Krönung des Ganzen. Man könnte diesen Mogul loben und bewundern, wenn nur nicht in demselben Prachtbau auch die Räume gezeigt würden, in denen er seinen Vater sechs Jahre lang gefangen hielt, nachdem er sich durch Ermordung seines älteren thronberechtigten Bruders die Erbfolge gesichert hatte.

Agra, den 16. Januar.

Heute geht's nach Delhi weiter und es bleibt mir nur wenige Zeit, um über unsern hiesigen Aufenthalt weiter zu berichten.

Am ersten Tage besuchten wir natürlich die berühmte Taj (sprich Taatsch) Mahal, das Mausoleum, welches Shah Jehan seiner Lieblingsgattin, deren Namen dasselbe führt, errichtet hat. (Alimlâz, abgekürzt Taj).

Wenn ich diesem Bauwerk gegenüber auch nicht dieselben Empfindungen habe, wie manche Reisende, die es vor mir beschrieben, die beim Anblick von Taj-Mahal, namentlich aber beim Betreten der Grabes-Kuppel in Thränen ausgebrochen sind — ich kenne künstlerisch Bedeutenderes und Wirksameres — so gebe ich doch gern zu, daß es von dem, was ich in diesem Genre gesehen habe, das Bedeutendste ist.

Durch einen imposanten Portalbau aus rothem Sandstein, der mit Marmor-Intarsen geschmückt ist, treten wir zuerst in einen von Hallen umgebenen Vorhof von etwa (70)ᵐ im Quadrat, von wo aus man durch einen gleichen Thorbau in den Haupthof tritt, welcher (860) engl. Fuß im Quadrat mißt. Durch die großen dunkelrothen Thorbogen erscheint nun die Taj dem Besucher zuerst gleichsam als Diorama, und das macht allerdings einen überwältigenden Eindruck. Auf einer erhöhten Terrasse aus rothem Sandstein, welche 313 engl. Fuß im Quadrat umfaßt, erhebt sich der mächtige Kuppelbau, flankirt von vier luftigen

AGRA - TAJ MAHAL "

Thürmen und vier schlanken Minarets, welche die Ecken der Umfassungshallen einnehmen. Weiter rechts und links stehen in den Ecken des Hofes vier schlanke rothe Thurmbauten mit Marmorkuppeln, und diese Zusammenstellung hebt die perlweiße Farbe des Hauptbaues, die ohnehin in indischer Sonnenbeleuchtung strahlt, zu einer wahrhaft feenhaften Erscheinung, die noch weiter gehoben wird durch den dunkelgrünen Vordergrund von Cypressen und den Spiegel eines Wasserbeckens, welches zwischen reichem Blumenflor sich als silbernes Band bis zum Fuß des Bauwerks hinzieht. In dieser Zusammenstellung liegt der Reiz, der namentlich den Laien überwältigt.

Einen weit geringeren Eindruck macht das Innere des Gebäudes, ein mäßig großer Kuppelraum von guten Abmessungen, in der Mitte das sehr einfache sarkophagartige Monument der Mumtáz Mahal, daneben aber das kleinere des Jehan. Letzterer hatte angefangen, für sich ein Mausoleum auf der andern Seite des Flusses zu errichten und beide durch eine Brücke zu verbinden, als der Bürgerkrieg ausbrach, der seinen großartigen Plänen ein Ende machte.

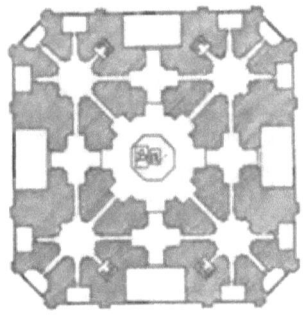

A. Denkstein der Taj Mahal.
B.   „   des Shah Jehan.

Der nebenstehende Grundriß zeigt, wie monumental dieses Grabdenkmal entworfen und ausgeführt ist. Die Massenhaftigkeit des Mauerwerks erinnert fast an den Pyramidenbau mit seinen winzigen Grabkammern und schmalen Zugängen. Wenn man blos nach dem Grundriß urtheilt und sich vergegenwärtigt, daß Oberlichter nirgends vorhanden sind, so könnte man glauben, daß eine tiefe Finsterniß in den Mittelräumen walten müßte. Das ist aber keineswegs der Fall. Ein angenehmes Dämmerlicht herrscht dort überall als eine Folge der gänzlich freien Lage des Bauwerks, der hellen Farbe des weißen Marmors der Innenwände und nicht zum wenigsten der hellen indischen Sonne. Bei uns im Norden dürfte man einen solchen Bau nicht wagen. In Indien schließen die Baumeister alle lichtbringenden Oeffnungen mit durchbrochenen Marmorplatten, um das Licht noch mehr zu dämpfen. Es sei noch auf die äußerst geringen Abmessungen hingewiesen, welche die vier Treppen erhalten haben. Dieselben stehen in gar keinem Verhältniß zum Bau und der großen prachtvollen Aussichts-Galerie, zu der sie führen. Die untergeordnete Behandlung der inneren Treppen scheint charakteristisch für alle indischen Bauten, während die Freitreppen stets eine großartige Behandlung erfahren.

Mit Recht hat ein Schriftsteller von Shah Jehan und seinem Geschlecht, den Pathans, gesagt: „Sie entwerfen wie Titanen und führen aus wie Goldschmiede." Das ganze Gebäude zeigt die feinste Technik, und kaum ist eine Fläche zu finden, die nicht reich ornamentirt ist, meist durch farbige Intarsen, in denen selbst Edelsteine und sogar Diamanten Verwendung fanden. Letztere sind natürlich im Laufe der Zeiten verschwunden.

Von dem Dache und den Eckthürmen genießt man eine herrliche Aussicht über die Ebene des Jumna, wie ich sie beim Fort beschrieben habe. Auch wird man hier am besten den Umfang und die Beschaffenheit der Gesammtanlage beurtheilen können, die wahrhaft großartig ist. Alle Ecken und alle Mitten der den großen Platz umgebenden Hallen sind durch Thürme oder Bauwerke, welche an sich schon bedeutend sind, ausgezeichnet. So liegt auf der Mittelwand links von der Taj eine Moschee, welche eine Halle darstellt. Die Moscheen sind hier fast immer als Hallen, nicht als geschlossene Räume aufgefaßt. Auf der entgegengesetzten Seite ist ein ebenso großes Bauwerk als Pendant in entsprechender Form errichtet. Eine Inschrift in dem Dome sagt, daß der König Jehan, der Bewohner von zwei Paradiesen und der Sternenwelt u. s. w., im Jahre 1665 starb, daß der Baumeister Isa Mahomed, der Maurermeister M. Hanif hieß, daß beide monatlich je 1000 Rupies an Gehalt bezogen. Ferner läßt die Inschrift erkennen, daß es bei diesem Bau grade so hergegangen ist, wie weiland bei dem Bau des Tempels Salomonis: Die Materialien wurden aus aller Herren Ländern mit großem Kraft-Aufwand herbeigeschleppt und alle Welt in Contribution gesetzt durch „voluntary presents and otherwise". Ein Zeitgenosse, Tavernier, berichtet, daß der Bau 1630 angefangen sei und bis 1647 gedauert habe, daß daran 20000 Arbeiter beschäftigt waren und daß 5 Millionen Pfund Sterling baar verausgabt wurden — natürlich ohne die unbezahlten Rechnungen.

Meine Reisegefährten waren außer sich vor Entzücken, und ich hätte Unrecht gethan, ja, ich würde auch wohl schlecht angekommen sein, wenn ich mit meiner Kritik als Architekt sogleich herausgerückt wäre. Vom Standpunkt des Fachmannes aus läßt sich doch Manches aussetzen. Was zu loben, ja unbedingt zu loben ist, habe ich gesagt; aber die unsinnige Verschwendung, die man mit der „Goldschmiedekunst" getrieben hat, ist nicht zu verantworten und hebt den Eindruck des Gebäudes durchaus nicht in entsprechender Weise — ein Zwanzigstel hätte mehr als genügt. Die Marmorplatten, die wie Filigran ausgearbeitet und in die Fensteröffnungen gesetzt sind, will ich noch gelten lassen, denn sie wirken, von Innen gesehen, sehr günstig. Aber wenn die Kosten jenes ganz unwirksamen feinen Gewirres von geometrischen Flächenmustern aufgewandt worden wären, um Relief und Farbe zu schaffen, so wäre eine größere Wirkung und vielleicht ein vollkommenes Kunstwerk erzielt worden.

Nur in ihrer und durch ihre Umgebung wirkt die Taj, trotz jenes Mangels.

Ich mußte lachen, als ich sah, mit welchem Eifer die Reisenden Miniatur-Nachbildungen, die in dem weißesten Marmor ausgeführt sind, kauften, um sie zu Hause unter Glas aufzustellen. Derartiges wird dort nicht mehr wirken, wie jedes andere Conditor-Werk.

Außer dem Vorstehenden will ich nur noch von dem Grabmal, bezw. Mausoleum zu Sicandra sprechen, welches sich der große Akbar selbst errichtet hat. Dasselbe besteht aus einem mächtigen massiven Unterbau, der weiß geputzt ist und eine Anzahl gewölbter Einzelräume aufweist. Der mittlere größere Raum enthält das Grab Akbars in einer Art Krypta; in einer Kapelle darüber befindet sich eine Nachbildung des Sarkophags. Dort wird „worshipped" (Gottesdienst gehalten), wie der Führer sagte, und als wir ihn fragten, was

DELHI
Die Moschee im Fort

denn mit den vielen übrigen Räumen geschähe, antwortete er aus seinem geringen Schatz von englischen Worten: „Piknik". Oberhalb dieses Unterbaues erhebt sich nun, nach oben sich verjüngend, ein luftiger Bau mit zahlreich vorspringenden Erkern, drei Etagen hoch. Auf die Frage, was denn diese Räume bedeuten, erhielten wir wieder die Antwort: „Piknik". Wir mußten laut lachen, aber die Sache hat vollständig ihre Richtigkeit. Wie ich schon früher ausführte, hat der Tod für die Inder nichts Grausiges, und der Erbauer hat wohl überlegt, daß die Leute am liebsten und häufigsten zu seinem Grabe kommen würden, wenn sie dort gute Gelegenheit finden würden, sich zu amüsiren, und das thun die Inder, wie andere Nationen, am Besten durch ein „Piknik".

Ein Tag, der 14. Januar, war dem Ausflug nach Cutchpor-Sikri gewidmet. Es ist dies die ehemalige Hauptstadt des Königreichs Oudh, die aber auf Befehl des Königs Akbar, der auch im Wesentlichen ihr Schöpfer war, verlassen wurde, wahrscheinlich wegen des Mangels an gutem Wasser, welcher Epidemien veranlaßte. Die neue Residenz wurde darauf in Agra errichtet.

Auf einem Hügel, in dem der rothe Sandstein zu Tage tritt, macht Cutchpor-Sikri, aus demselben Material erbaut, trotz zunehmenden Verfalls noch einen großartigen einheitlichen Eindruck. Die soliden Constructionen haben der Zeit widerstanden, so daß man sie heute durchwandeln kann und Alles findet, nur nicht die Bewohner, die dahin gehörten. Der Luxus ist nicht so groß wie in Agra, aber alle Constructionen sind solide; die rothe Farbe wirkt dabei vortrefflich.

Ein gut erhaltener breiter, von alten Bäumen eingefaßter Weg führt von Agra dorthin. Die 22 englischen Meilen legten wir in einem leichten Wagen zurück, dessen Pferde dreimal gewechselt wurden.

Rechts und links lagen zerstreut auf den Feldern Trümmer alter Bauwerke, zuweilen von imposanter Größe. Auf keiner Stelle habe ich in Indien so viele und vielerlei Vögel gesehen; ihnen mag wohl die bequeme Zuflucht in dem alten Mauerwerk sehr zusagen. Unter Anderem sahen wir viele Adler, Geier und den Secretair. Auch Freund Lampe ließ sich hin und wieder sehen, ohne besonders eifrig das Panier zu ergreifen, durch das er berühmt geworden ist.

In den ausgedehnten Trümmer-Feldern wird viel Viehzucht getrieben. Man konnte dieses u. A. auch an der Menge des Dunges sehen, der hier in den Dörfern zu Brennmaterial verarbeitet wird. Es geschieht dies in der Weise, daß etwas Stroh oder Häcksel dem Dung zugemischt und diese Masse dann mit den Händen zu tellergroßen Kuchen geformt wird. Damit die Masse nicht an den Händen klebt, bedient man sich des Straßenstaubes, wie bei uns der Bäcker des Mehls beim Kneten seines Teiges. Behufs des Trocknens wird die Masse dann gegen irgend eine Mauer gedrückt, woran sie fest klebt. In dieser Weise sahen wir ganze Dorfstraßen und lange Mauern am Wege förmlich tapeziert. Man begreift bei dem Holzreichtum nicht, weshalb das wichtige Düngemittel dem Felde entzogen und nicht mit Holz geheizt wird. Es mag dieses mit dem buddhistischen Kultus zusammenhängen, der den Baum als ein geheiligtes Ding ansieht, das man nicht beschädigen, namentlich nicht vernichten darf. Dies schließt keineswegs aus, daß Holz zum Brennen verwandt wird; aber man scheint dazu meist nur eine Art Wurzelwerk oder abgestorbenes Holz zu nehmen, ausschließlich solches stand uns auch in den Hotels, wenn wir unsere Zimmer

4

beizten, zu Gebote; Scheite von lebend gefälltem Holz, wie wir sie zu Hause verwenden, gab es nicht.

Erwähnen will ich schließlich noch das Mausoleum des J'timadu Daulah, des Premier-Ministers des Kaisers Jehangir, welches im Stil der Taj ausgeführt ist; es ist weniger umfangreich, aber in manchen Dingen noch subtiler und geschmackvoller.

Delhi, den 17. Januar.

Seit gestern befinden wir uns in Delhi. Unsere Zeit wird hier nicht allein durch die Besichtigungen aller Sehenswürdigkeiten in Anspruch genommen. Hier, wie in Darjeeling, koncentrirt sich der Handel aus den kunstthätigen nördlichen Ländern, namentlich aus Kaschmir, und man wird von Händlern mit wirklich interessanten Dingen überlaufen. So komme ich kaum dazu, eine Stunde zum Schreiben zu erübrigen, ein Fall, der auch dann regelmäßig einzutreten pflegt, wenn wir zu viel Gesellschaft bekommen. Nachdem E. und M. abgereist waren, hatten sich uns ein Deutscher Namens Sch. und ein Herr V. aus Holland angeschlossen, von denen wir uns heute wieder verabschiedet haben. Es will mich fast dünken, als ob hier mehr Deutsche als Engländer reisen. Letztere finden wohl meist Quartier bei ihren hier angesessenen Freunden, sodaß sie weniger in die Erscheinung treten.

Ich kann es gar nicht unternehmen, all' die Bauten zu beschreiben, die wir besichtigt haben, so sehr diese dazu auch anregen.

Die Mitte der Stadt ist überragt von der Jumma-(freitags- oder Haupt-)Moschee, in ihrem mächtigen Aufbau die interessanteste, die ich bis jetzt gesehen. Auch ist hier eine Citadelle, sehr ähnlich und fast ebenso gelegen, wie die in Agra, mit einem Königsschloß und wundervollen (römischen) Bädern; Alles in Marmor ausgeführt und mit besonders reichen und schönen Details. Die Straßen sind breiter und schöner als gewöhnlich in indischen Städten und reges interessantes Leben herrscht darin.

Delhi wird mit Recht das Rom Asiens genannt. Es war seit über 1000 Jahren der Gegenstand der Angriffe der von Norden eindringenden Horden. Hier wurde um die Herrschaft Indiens gestritten und das Schicksal dieses Landes entschieden. Der Eroberung folgte fast immer die gänzliche Zerstörung. Das alte Delhi, die Hauptstadt des Hindu-Reiches, liegt etwa 8 Meilen nördlich von der jetzigen Stadt und ist noch deutlich in den Umrissen erkennbar. Zwischen diesen und dem heutigen Delhi liegt das zweite, etwa zu Anfang dieses Jahrtausends erbaut, dessen Umfassungsmauern zum Theil noch heute erhalten sind. Es stehen von denselben fast noch alle Moscheen und Mausoleen, denn die zweiten Zerstörer waren, wie die ersten, Mohamedaner und schonten jene Bauwerke. Sonst gaben sie mit Stolz ihren Bauten die Inschrift, daß sie aus den Trümmern älterer Bauwerke erbaut seien.

Den gestrigen Tag widmeten wir dem Besuch des sogenannten Kutub-Minar, eines riesigen Thurmes, oder einer Art Siegessäule, welche 240 englische Fuß hoch und an der Basis 47 Fuß breit ist, ein Wahrzeichen für die ganze Gegend. Wir fuhren um 8 Uhr von Hause fort und langten um 12 Uhr dort an. Auf

dem ganzen Wege Trümmer rechts und links, von denen die bedeutendsten vollständig erhaltene Moscheen und Mausoleen, darunter Hamayons Grab, sind. Am Horizont tauchten stets eine große Anzahl imposanter Kuppeln auf, das Ganze, ein Trümmerfeld, wie sicher die Welt kein Zweites hat. Stellenweise war die Gegend äußerst malerisch, namentlich, wo sie baumreich und bewohnt ist. Die Trümmer, die Vegetation, die malerisch in bunte Lumpen gekleidete Bevölkerung, Kameele, Affen, Adler und Geier — von alledem hätte auch ein mittelmäßiger Maler ein gutes Bild schaffen können, er brauchte blos zu copiren. Erst in der Dunkelheit kamen wir zurück. Es war einer der interessantesten Tage meiner Reise.

Den 19. Januar.

Wir begannen den heutigen Tag mit der Besichtigung des großen Gefängnisses (Jail). Dasselbe interessirte uns durchaus nicht als solches. Es ist aus einer ehemaligen Karavanserei entstanden. Vor den Nischen, welche die großen Höfe umgeben, sind Eisengitter angebracht, dahinter logiren die Gefangenen luftig, und wie sie es auch als freie Leute gewohnt waren, auf dem flachen harten Fußboden. Möbel kennt der arme Inder kaum mehr als der Japaner.

Was uns anzog, ist die Industrie, die dort vermittelst der Gefangenen betrieben wird, namentlich die Teppichweberei, die durch ihre Erzeugnisse mit Recht berühmt ist. Diese Kunst wird in Indien genau so primitiv gehandhabt, wie jetzt und früher in Persien.

Die Webestuhl-Vorrichtung unterscheidet sich nicht im Princip von der modernen; der Unterschied besteht nur darin, daß das, was bei uns eine mechanische Combination bewirkt, hier in einfacher Weise mit der Hand ausgeführt wird. Bei uns sitzt ein Mann am Webestuhl, hier an 6—12 Mann und mehr. Die Kette ist vertikal, nicht wie bei uns horizontal eingerichtet. Die Walze, auf welche der fertige Stoff aufgewickelt wird, liegt im Fußboden; auf letzterem hocken die Weber, und zwar kommt auf den einzelnen Mann ein etwa 50 cm breites Stück des herzustellenden Stoffes, sodaß an einem Teppich von 4 m Breite 8 Weber beschäftigt sind, von denen jeder nur seine bestimmte Breite bearbeitet. Hat die Kette die bekannte scheerenförmige Bewegung gemacht, was durch Verstellung eines Hebels geschieht, so knüpfen die Weber die Wolle ein, die sie von Spulen herabholen, die über ihren Köpfen hängen, und zwar — das ist das Charakteristische — nach dem „Diktat" eines Mannes, der auf der andern Seite der Kette auf der Erde hockt und die Farben nach einem Muster abliest. Daß hierzu eine große Uebung gehört, liegt auf der Hand. Der Mann plappert unaufhörlich und keine Hand ist einen Augenblick müßig, es wirkt dies gradezu frappirend. Nachdem eine Schicht Wolle eingeknüpft ist, wird ein Faden — der Einschlag — eingezogen, indem er von einer Hand der anderen zugeführt wird. Diese Art zu arbeiten, geht nicht schnell vorwärts, nur 5 Zoll werden an einem langen Arbeitstag fertig gebracht. Die Feinheit des Teppichs ist durch die Zahl der Kettenfäden pro englische Zoll Breite bestimmt. Elf Fäden geben meines Erachtens einen praktischen feinen Teppich, und einen solchen bestellte ich; es werden 9 Weber und ein Diktrer 115 Tage daran zu arbeiten haben.

4*

Der Direktor der Anstalt, ein charmanter Engländer in mittleren Jahren, an den wir uns mit einer Empfehlung gewandt hatten, ist vielleicht nicht gewohnt, daß man das Gefängniß blos der „Kunstabhängkeit" halber und nicht wegen seiner „Schrecken" besucht; wenigstens hatte ich diesen Eindruck, als wir nach der Besichtigung auf einen Platz nahe beim Ausgang geführt wurden, wo zahlreiche Beamte bereit standen, um an einem Delinquenten die Prügelstrafe zu vollziehen. Letzterer, ein kleiner schmächtiger Inder harrte, bis auf den Gurt entblößt, der schrecklichen Strafe; zwei Leute erwarteten nur den Befehl, um ihn an ein Gerüst, eine Art Kreuz, zu binden; zwei andere, mit recht elastischen, wurzelartigen Stöcken bewaffnet, sollten die Execution ausführen; ein Arzt mit einem Höherohr in der Hand war zugegen, um eventuell zu verhindern, daß der Mann todtgeschlagen würde. Bei unserer Annäherung wurden dem Direktor die Papiere des Delinquenten überreicht, in die er hineinsah, während er uns frug, ob wir der Execution beiwohnen wollten. Ich, als Aeltester, erwiderte sofort: „Wir kennen die Verbrechen dieses Mannes nicht und möchten daher auch seiner Bestrafung nicht zusehen." Ich hatte, wie ich nach Verlassen des Gefängnisses feststellte, die Meinung der Majorität meiner Begleiter getroffen.

Jeypoor, den 20. Januar.

Bei sinkender Sonne komme ich vom ersten Besuch aus dem Trubel der Stadt zurück. Unser Hotel „Kaisar i Hind", von einem Eingeborenen in europäischer Manier gehalten, liegt wohl eine halbe Stunde vor den Thoren der Stadt. Die Sonne hatte den Staub, der die Atmosphäre füllte, glühend roth gefärbt. Die kleinen Gaslichter wurden angezündet, über unseren Häuptern und in den Bäumen versammelten sich Schaaren großer Vögel, Adler, Habichte und Krähen, als wollten sie sich, wie bei uns die Schwalben, zur Abreise ein Rendezvous geben.

Die Stadt hat noch breitere und belebtere Straßen als Agra, viele Häuser sind drei- und vierstöckig, überreich mit hölzernen Balkonen und Erkern versehen, alle gleichfarbig rosaroth gefärbt und mit weißem Linienwerk verziert. Viele beladene Kameele drängten sich durch die Menge und die Anwesenheit des Hofes machte sich durch zahlreiche uniformirte Reiter auf prächtig gezäumten Pferden bemerkbar.

Wir haben das zu Ehren der Anwesenheit des Prinzen von Wales neu erbaute Museum und den öffentlichen Garten, mit dem auch eine zoologische Abtheilung verbunden ist, besichtigt. Der Blick von einem erhöhten Punkte über die auf drei Seiten von etwa 1000 Fuß hohen Bergen umgebene Stadt ist jedenfalls das Interessanteste, was man hier sehen kann. Die Ebene ist mit reichem Baumwuchs bedeckt, der die Misere des staubigen Bodens verbirgt. Die Spitzen der Berge sind sämmtlich mit alterthümlichen Burgen gekrönt, und von oben gesehen bietet das Häusermeer mit den hochragenden Palästen und mit den Kuppeln von nicht weniger als 600 Moscheen — von denen allerdings die überwiegende Mehrzahl sehr klein ist — einen märchenhaften Anblick. In den Nebenstraßen sieht es so traurig aus, wie überall in diesen Städten, die Hauptstraßen dagegen machen einen fast großstädtischen Eindruck.

A ... R DES N ... S AL ... S 'DEHI

Beim Diner Abends trafen wir zu unserer großen Freude unsere alten Reise-
genossen, die Herren Oldemeyer und Gildemeister, wieder, deren Route sich hier
mit der unseren kreuzte. Natürlich feierten wir den Abend nach Gebühr.

Den 21. Januar.

Gleich bei unserer Ankunft hatten wir beim Hofamt den Antrag gestellt, uns
die Besichtigung Amber's zu gestatten; die Antwort traf pünktlich ein, so daß
wir uns heute früh auf den Weg, zunächst zu Wagen, machen konnten. Um
Amber, die frühere, verlassene Residenz von Radjputana*), zu erreichen, muß
man einen kleinen Gebirgspaß überschreiten, der für Wagen fast zu steil ist.
Es ist üblich, daß der Radjah den Reisenden von Distinction, d. h. solchen, die
ihrem Gesuche eine anständige Visitenkarte beilegen können, einen Elephanten
entgegenschickt, der sie ans Ziel trägt.

Am Fuß des Gebirges angelangt, fanden wir auch richtig die massigen Vor-
weltler, reich aufgeschirrt, vor. Kiehn und ich bestiegen den einen, O. und G.
den anderen, und nun ging die Bergfahrt los. Man kann in der That nicht
sagen, daß solch' ein Ritt eine Annehmlichkeit ist. Wie man geschaukelt wird,
kann man am besten an den Mitreitenden sehen; es sieht grade so aus, als wenn
sie sich in einem Kahn auf bewegter See befinden. Kiehn verschwor sich, nie
mehr einen Elephanten besteigen zu wollen, und ermahnte mich immer, daß ich
mich festhalte, da er meiner Frau versprochen habe, mich lebendig nach Hause
zu bringen. Nach dreiviertel Stunden hatten wir unser Ziel vor Augen.

Von der eigentlichen Stadt ist nicht viel geblieben; nur die mächtigen
Umfassungsmauern, die dem Kamme der Berge folgen, und die Burgen an den
höchsten Punkten stehen noch. Fast ganz intakt erhalten ist aber der hervorragende
Königspalast auf einem Bergkegel, hoch über einem durch eine Thalsperre
erzeugten, künstlichen See gelegen. Derselbe ist ähnlich gebaut, wie die Paläste
in Delhi und Agra, aber nicht so reich und groß; er ist auch weniger bedeutend
hinsichtlich seines Kunstwerthes.

Um 2 Uhr Nachmittags waren wir wieder in Jeypoor angelangt. Der
Ausflug nach Amber war anstrengend, aber äußerst lohnend gewesen. Auf dem
ganzen Wege hatte eine Reihe von eigenartigen, landschaftlich schönen und ununterbrochen wechselnden Bildern unser Auge gefesselt. Gleich beim Austritt
aus der Stadt führt der Weg hart an einem künstlich gestauten See vorüber,
in dessen klarer, von keinem Windhauch berührter Fläche sich die baumreiche,
malerische Umgebung mit den burggekrönten Bergen so vollständig wie in einem
Glase spiegelte. In einer Bucht, dicht am Ufer, war ein stattliches Phantasie-
Schloß errichtet, das so aussah, als wäre es halb in die Fluth versunken; das
Wasser schien in die Fenster des ersten Geschosses eingedrungen zu sein.

Derartige „Wasserschlösser" findet man oft in Indien, wie überhaupt das
Wasser von den Architekten in ihren Anlagen als Spiegel, als bedeutsames
architektonisches Moment, benutzt wurde. Die Luft war, so lange wir in Indien
reisten, fast ununterbrochen so trocken, durchsichtig und frei von Dünsten, wie ich

---

*) Sprich Radschputana. Ueberhaupt sind alle Eigennamen in englischer Schreibweise gegeben und danach
auszusprechen.

dies bisher nirgends — auch in Egypten nicht — gefunden habe. Die Spiegelung im ruhigen Wasser wirkt daher bei dem scharfen Sonnenglanze wahrhaft überraschend.

Den Nachmittag benutzten wir hauptsächlich dazu, das Residenzschloß des Radjah von Jeypoor zu besichtigen. Ich kann nicht sagen, daß ich sehr befriedigt davon war. Die Gebäude sind fast ohne Kunstwerth, in bemaltem Putz ausgeführt, die Repräsentationsräume durchaus europäisch modern ausgeputzt und möblirt, die Bilder an den Wänden theilweise so hoch aufgehängt, daß man sie nur mit einem Fernglase zu betrachten im Stande gewesen wäre. Man darf wohl voraussetzen, daß in den eigentlichen Privatwohnräumen des Radjah und seiner Frauen, die man nicht zu sehen bekommt, ein besserer Geschmack und eine originellere nationale Auffassung vorherrscht. In dem Garten produzirte sich uns ein Athleten-Zögling, der nach Art der Jongleure alle möglichen Fecht- und andere Kunststücke ausführte.

Das Interessanteste waren noch die Pferdeställe. Dieselben bestehen in vorne offenen Hallen, die sich um einen großen Reithof hinziehen. In jedem etwa 5 m breiten System derselben steht vereinzelt, und von einem besonderen Diener gewartet, ein Roß, und zwar ist dieses, wie hier zu Lande allgemein üblich, außer am Kopf auch an den Hinterfüßen mit etwa 5 m langen Stricken gefesselt, die hinterwärts an einem Pflocke befestigt sind. Das Pferd wird dadurch gezwungen, eine gestreckte Haltung einzunehmen, die, wie es scheint, die Orientalen im Allgemeinen lieben. Ich kann mir aber unmöglich denken, daß diese Art der Fesselung der Pferde für die Leistungsfähigkeit und das Wohlbefinden derselben zuträglich ist.

Was die Pferde selbst anlangt, so waren es meist edle Araber von vortrefflichem Körperbau, aber alle sehr klein: „Katzen", wie mein Freund Kiehn sagte. Man ist auch wohl zur Einsicht gekommen, daß das veredelte englische Pferd für größere Leistungen nicht unentbehrlich ist, denn ich sah mehrere derselben, die aus England importirt waren, sich aber die nämliche Fesselungsmethode gefallen lassen mußten. Den Pferden, die im Hofe geritten wurden, scheint man mit Vorliebe das Trippeln und Kourbettiren beizubringen; auch auf den Straßen der Stadt gingen diese edlen Thiere niemals einen ruhigen Schritt. Es wird also in dieser Beziehung in Indien in der Dressur gerade das Entgegengesetzte von dem, was in Europa üblich ist, angestrebt.

Jeypoor ist durch seine Metall-Kunst-Industrie und durch seinen Handel in Artikeln dieser Branche berühmt. Wir besuchten verschiedene mäßig große Werkstätten, die mit entsprechenden Waarenlagern verbunden sind, welche man sonst in Indien selten findet. In der Regel haben die Fabrikanten nur einige wenige Sachen vorräthig. Auch der Handel in Antiquitäten, namentlich in Waffen, blüht hier, doch fand ich nicht veranlaßt, Erhebliches zu kaufen. Die wirklich schönen Sachen waren sehr selten und der hohe Preis dem Kunstwerth nicht entsprechend. Augenscheinlich überwogen Fälschungen ganz bedeutend.

O. und G. haben soeben Abschied genommen. Ich sitze in dem von Säulen umgebenen Vorhofe unseres Hotels. Die zahlreichen Händler, welche ihre Kunstsachen und Alterthümer um mich herum ausgebreitet hatten und mich durch ihre Verkaufslust nicht wenig beim Schreiben störten, haben einer nach dem andern

eingepackt und sind mit der einbrechenden Dunkelheit verschwunden; nicht so die Mosfitos, die vielmehr, anscheinend durch meine übelriechende Lampe angezogen, mir ordentlich zusetzen. Ich muß schließen.

Jeypoor, den 22. Januar, früh Morgens.

Ich habe eine schlechte Nacht gehabt und bin früher aufgestanden, als nöthig, obgleich wir heute ohnehin frühzeitig auf der Bahn sein müssen, um nach Ajmere zu fahren. Schon in vergangener Nacht hatte ich immer ein Gebrüll gehört, als wenn Menschen heftig mit einander kämpften oder sich herausforderten. Diese Nacht nun wurde ich durch eine brüllende Stimme geweckt, die unmittelbar unter meinem zur ebenen Erde gelegenen Fenster erschallte, wenn man eine schwache Lade, die zwei kleine Scheiben enthält und derart auseinander klafft, daß man die Hand bequem in die Ritze schieben kann, so nennen darf. Bald darauf hörte ich sachte an der Thüre zerren, die nach Außen führt. Ich war jäh aufgesprungen und horchte. Der Mann an der Thür entfernte sich, — das hörte ich deutlich an den Schritten — wiederholte aber sein Gebrüll und Gefauche und gerieth mit den kleinen bellenden Hofhunden in Streit; dann schien es wieder, als ob er heftig auf einen andern Mann eindringe. Die Stimme wurde aber schwächer und verlor sich in der Ferne. Was war das? Jedenfalls ein Verrückter, tröstete ich mich und suchte wieder einzuschlafen. Vergebens, das Bett war auch nicht darnach und ich war froh, als sich Kiehn meldete, der in einem andern Zimmer schlief und ebenfalls durch den Scandal geweckt worden war. Die Erklärung, die mir am nächsten Morgen ward, war einfach. Der brüllende Löwe war der Privatwächter der Gegend, der durch sein Gebahren die Diebe zu erschrecken und zu vertreiben hat. Diese Nacht hatte er sich besonders angestrengt; wahrscheinlich wird er nachher unter den Bedienteiten erscheinen und seinen „Backschisch" fordern. Hier kann man wirklich sagen: „Ländlich, schändlich."

Ajmere, den 22. Januar, Abends.

Um 1 Uhr Mittags kamen wir nach sechsstündiger Fahrt durch eine recht trostlose Gegend hier an. Lauter verbranntes Weideland mit hohem Binsengras und spärlicher Baumwuchs, hin und wieder Antilopenheerden. Dörfer waren nur spärlich sichtbar; sie bestehen, wie gewöhnlich, aus Lehmhütten. Man muß allerdings bedenken, daß wir hier mitten im Winter sind; nach einer viermonatlichen Regenzeit, im September, wird wohl Alles im Grün prangen.

Ajmere kann keine bedeutenden älteren Bauwerke aufweisen, ist aber mit Recht wegen seiner herrlichen malerischen Lage berühmt. Man braucht eigentlich die Stadt selbst nicht zu betreten. Wir wußten dies nicht, fanden auch keinen Führer und geriethen mit unserer Kutsche in eine enge steile Straße, die, da gerade ein Fest gefeiert wurde, so dicht bevölkert war, daß wir es nur dem großen Respekt, den die Eingeborenen vor den Europäern haben, verdankten, daß es uns überhaupt möglich war, vorwärts zu kommen.

Ajmere liegt in einem von schön gezeichneten, aber ziemlich kahlen Bergen umgebenen weiten Becken, sanft nach einem höher gelegenen See ansteigend.

Weiße Marmorbauten, die jedoch ohne besondere Bedeutung sind, säumen den See ein. Höher am Ufer hinauf liegt die Residenz des englischen Bevollmächtigten, von der aus man einen herrlichen Blick über die Stadt und Umgebung hat. Von hier aus bestimmten wir die Tour, die unser Wagen zu durchfahren hatte, eine Tour, die uns durch einen weiten, noch jungen Park führte, dessen Mittel- und Hauptpunkt der glänzende Marmorbau des Adels-Collegs ist. Hier werden die Söhne des Radjah's von Radjputana ausgebildet, meist durch englische Lehrer.

Um das Colleg herum liegen sogenannte Boarding-Häuser, welche die verschiedenen Radjahs errichtet haben, um ihren Söhnen und deren Erziehern und Verwandten einen anständigen Aufenthalt zu gewähren. Offenbar haben die Vornehmen des Landes hier gewetteifert, um etwas Schönes zu schaffen, und in der That ist dies meist vortrefflich gelungen. Die Architekten — die Namen derselben konnte ich leider nicht erfahren — haben hier eine schöne Aufgabe glänzend gelöst, freilich auch mit verschwenderischen Mitteln.

Wir haben im Bahnhofs - Gebäude Unterkunft nehmen müssen. Ein europäisches Hotel giebt es hier sonst nicht; überhaupt scheinen hier nur sehr wenige Europäer, außer den vorgedachten Lehrern, zu wohnen.

Ich erwähnte bereits das Geschrei, welches mir in der letzten Nacht den Schlaf kostete. Hier scheint es in dieser Nacht ebenso gehen zu sollen, wenn auch nicht wieder der Nachtwächter der Schuldige ist. Man weiß garnicht, weshalb die Menschen ihre Stimmen so forciren. Wenn man den Lärm, der jedesmal beim Aus- und Einsteigen auf dem Bahnhof herrscht, hören würde, ohne die Ursache desselben zu sehen, dann müßte man glauben, eine große Straßenschlacht sei im Gange.

Uebrigens will ich bei dieser Gelegenheit bemerken, daß die Eisenbahn ganz auffallend stark von den Eingeborenen der untersten Klasse frequentirt wird, ob in Geschäften oder aus purer Reiselust, weiß ich nicht. Das Fahrgeld für die dritte Klasse ist außergewöhnlich billig.

Das Studium des Fahrplanes zerbricht hier den Leuten die Köpfe nicht, sie scheinen zum Bahnhof zu gehen, wenn es ihnen grade paßt und hier stunden-, ja tagelang zu warten, bis ein Zug zum Einsteigen ankommt. Die Zeit hat hier eben keinen Werth. Dieser Eigenthümlichkeit hat nun die Eisenbahn-Verwaltung bestens Rechnung getragen, nicht durch entsprechende Wartesäle — darin würde es Niemand aushalten — sondern durch weitläufige, ganz offene Hallen, in denen das Volk lagert, ißt und trinkt und, wenn es sein muß, auch übernachtet. Sein Bettzeug hat hier ja ohnehin jeder Reisende — arm oder reich — stets bei sich. In der Nähe einer solchen Karavanserei liegt nun zur ebenen Erde unser Dagh Bungalow. Das wird wieder eine schöne Nacht werden.

Den 25. Januar, früh 5 Uhr.

Zu dem Geschrei der Menschen kam noch das entsetzliche Pfeifen der Locomotive, aber die Natur forderte ihr Recht; ich habe ziemlich gut geschlafen. Wenn gefragt wird, weshalb wir so oft in der Nacht reisen, so ist die Antwort sehr einfach: Es giebt auf diesen Bahnen binnen 24 Stunden nur einen Mail-

oder Schnellzug hin und her. Bei kleinen Strecken kann man wohl einen gemischten Zug nehmen. Heute haben wir 15 Stunden Eisenbahnfahrt bis Ahmedabad.

Eisenbahnstation Abu Road, den 23. Januar.

Eigentlich sollten wir hier aussteigen, um nach Mount-Abu zu reiten, einem hochgelegenen Orte mit alten Tempeln. Unsere Freunde, die vor einigen Tagen dort waren, warnten uns indeß vor dem staubigen mühseligen Wege, der den Zeitaufwand nicht lohne, und so fuhren wir vorbei. Es wird nun wieder fühlbar wärmer und staubiger. Die Gegend ist wie vor Ajmere wüst und verbrannt. Eine Reihe baumloser zackiger Berge liegt zu unserer Rechten. Vielfach ist zu beiden Seiten der Bahn das Gras abgebrannt; hin und wieder erblicken wir große Vieh-Heerden, die Bevölkerung ist nur spärlich. Die wilden Thiere fürchten sich vor unserem Bahnzug garnicht, auf den Telegraphendrähten harren große Vögel, namentlich Falkenarten, ruhig aus.

Ahmedabad, den 24. Januar.

Wir sind hier wieder erbärmlich untergebracht. Kiehn ist ganz verzweifelt und will morgen in einer Tour nach Bombay durchfahren, ohne sich in Baroda aufzuhalten, wo es noch schlechter sein soll. Unser Zimmer liegt im Parterre des Bahnhofsgebäudes; die eine Thür führt nach dem Perron, die andere nach dem Wagenplatz; von Ruhe ist keine Rede, dafür aber herrscht ziemliche Unsauberkeit. Einstweilen ist unser Zimmer noch von einem halben Dutzend eingeborener Handelsleute besetzt. Das Essen läßt auch viel zu wünschen übrig. Wir bereuten nun doch, hierher gegangen zu sein, wir hatten uns ja auch früher vorgenommen, Ahmedabad zu vermeiden, wegen der Fiebergefahr. Allein die Freunde, denen wir dieses unterwegs mittheilten, lachten darüber, indem sie meinten, daß man das Fieber in Indien überall bekommen könnte; man müsse sich nur nach Möglichkeit in Acht nehmen, namentlich vor dem Wasser. Ich will nun hier nicht allein kein Wasser, sondern auch kein Sodawasser trinken, auf welches man doch sonst in Indien so sehr angewiesen ist. Dasselbe hat aber häufig einen so eigenthümlichen Beigeschmack, daß ich glaube, daß es nicht immer aus vollkommen reinem Wasser hergestellt wird.

Trotz aller dieser Unbequemlichkeiten und Gefährlichkeiten möchte ich doch Niemandem rathen, Ahmedabad zu überschlagen. Die Stadt ist gut gebaut und macht einen sauberen, luftigen Eindruck. Die Straßen sind breiter und regelmäßiger angelegt, als man sonst hier gewohnt ist, und weisen zweistöckige, mit reichen Holzschnitzereien versehene Häuser auf. Ein Architekt, der die Zeit und den nöthigen Eifer hätte, könnte hier eine reiche Ernte halten.

Vor Allem aber sind die in einem der eigenthümlichen Misch-Style erbauten Moscheen und Mausoleen höchst interessant; hier sind ganz bedeutende mohamedanische Architekten thätig gewesen, die sich den interessanten Hindu-Styl aneigneten. Offenbar haben sie hier viele Bauten dieses Styls vorgefunden.

Ob sie selbst deren Zerstörung veranlaßten, oder ob sie dieselben schon zerstört vorfanden, ist wohl heute nicht mehr zu unterscheiden; ich will zu Ehren meiner antiken Fachgenossen das letztere annehmen. Jedenfalls haben sie massenhafte Elemente alter schöner Bauten, namentlich viele reiche ornamentirte Pfeiler zu ihren Bauten benutzt; aber zu einer rechten Harmonie haben sie dabei ihre Bauwerke nicht entfalten können. Das Aeußere und das Innere contrastirt manchmal ganz merkwürdig, namentlich bei der Hauptmoschee (Junma), welche 1424 unter Sultan Ahmed I. erbaut wurde, dessen Grab sich auch auf der Seite in einem Mausoleum befindet. Dicht dabei, 30 Schritte entfernt, sind die Gräber der Gemahlinnen des Shah; dieses Bauwerk ist ein Meisterwerk der Architektur. Ferner besichtigten wir die Rami Cipris- und Haibat Khans-Moschee nebst Mausoleen, endlich einen modernen Jain-Tempel von höchster Zierlichkeit, architektonisch weniger bedeutend; dann noch ein halbes Dutzend andere. Der Sarburmitti Fluß, an dem die Stadt liegt, ist derzeit bis auf einen leicht zu durch watenden Wasserlauf zusammengeschrumpft. In dem weiten, wasserleeren Sand bette tummelten sich Tausende von Frauen und Kindern, die im Strome badeten und ihre Kleider wuschen und trockneten, ganz wie in Benares.

Nachmittags fuhren wir zur Stadt hinaus zu einem künstlichen See mit einer künstlichen Insel; beide sind dem Vergnügen des Publikums gewidmet.

Bei einem Teppichweber fanden wir mehrere schöne Teppiche vorräthig. Er konnte aber kein Stück abgeben, weil er gebunden ist, nur für eine amerikanische Compagnie zu arbeiten. Ganz wie in Japan!

Bei einem kleinen Goldschmied erstanden wir einige unbedeutende Silbersachen.

Es ist hier schon recht warm und wir haben die leichteste Kleidung anlegen müssen.

Ueber meinen Besuch in Ahmedabad finde ich noch Zeit, Folgendes nach zutragen: An vielen Straßenecken und auf öffentlichen Plätzen erblickt man eine Art Taubenhäuser, zuweilen zierlich, ja kostbar ausgestattet. Darin werden Nahrungsmittel ausgestreut, um die Vögel zu füttern; aber auch andere Thiere, namentlich die zu Tausenden herumhuschenden kleinen Eichhörnchen profitiren davon. Es ist unglaublich, wie zutraulich diese und alle anderen in Freiheit lebenden Thiere hier sind, und in welchen Hauten sie erscheinen.

In einer Straße stand vor einem Hause ein weißes, glänzend behangenes Roß. Auf demselben saß ein fröhlich dreinschauender hübscher Knabe von ungefähr 7—8 Jahren. Derselbe hielt ein Mädchen von etwa 5 Jahren vor sich im Sattel, welches eine ängstliche Miene machte, als fürchte es vom Pferde zu fallen. Unser Führer erklärte, daß die beiden gestern Hochzeit gehabt hätten und heute zusammen zum Familien-Diner ritten. Natürlich gehen danach die Eheleute jedes zu seinen Eltern zurück. Auf meine an den Führer gerichtete Frage, wie alt er gewesen, als er geheirathet, sagte er 12 Jahre, seine Frau 10 Jahre. Gegen die Unsitte der frühen Heirath kämpfen Regierung und auf geklärte Männer nach Möglichkeit an. Wenn ein Mann stirbt, so ist es nach der Hindu-Religion verboten, daß die Frau wieder heirathet. Sie wird, wenn auch noch so jung, Dienerin in der Familie des Mannes, gilt als Eigenthum derselben und muß die niedrigsten Dienste verrichten.

Baroda, den 23. Januar.

Bei unserer Ankunft in Baroda Abends spät wurde ich von einem Ab-
gesandten des Ingenieurs Herrn Lynn empfangen, an den ich von Herrn Chisholm
durch die Güte des Herrn Professors Ihne empfohlen war. Derselbe ist leitender
Ingenieur bei den hiesigen Bauten. Wir mußten in seinem Bungalow absteigen;
bald darauf fand er sich selbst ein, er kam von einem officiellen Diner. Seiner
Freundlichkeit dankten wir es, daß wir wieder einmal in eine saubere gemüthliche
Häuslichkeit kamen und tüchtig ausschlafen konnten.

Heute früh führte er uns in das neue von Chisholm erbaute fürstliche
Palais. Dasselbe hat wohl so viel Räume wie das Berliner Schloß, ist aber
nicht so regelmäßig im Grundriß und zeigt einen phantastischen Aufbau mit
Kuppeln und Thürmen, es hat viele Millionen Pfund Sterling gekostet und wird
in diesem Augenblick mit Möbeln und Kunstwerken ausgestattet, die der Jeyaguar
d. h. Kubhirt, bedeutet aber Fürst) selbst ankauft. Bei der letzten Sendung
befand sich auch eine Anzahl Kisten mit der Firma: „W. Spindler" und ein
goldenes Rokoko-Möblement von einer Berliner oder Frankfurter Firma.

Mein Urtheil über diesen Bau, der ein Versuch ist, die englisch-gothische
Bauweise mit indischen und maurischen Details auszustatten, ist kein günstiges.
Der Gesammteindruck des Bauwerks ist aber imposant und wirkt einheitlich.

Um 11 Uhr waren wir wieder zu Hause und nahmen ein delikates Frühstück
nach hiesiger Weise ein, nachdem wir uns durch ein Bad erfrischt hatten.
Lynn's Familie, bestehend aus Frau und vier, den Photographien nach zu
urtheilen, prächtigen Knaben, lebt in England. Abgesehen von der Schwierigkeit
der wissenschaftlichen Erziehung bekommt den hier von Europäern geborenen
Kindern das Klima durchaus nicht, sie verkümmern gleichsam. Unglaublich
zahlreich ist die Dienerschaar, die selbst in einer so einfachen Wirthschaft, wie
die unseres Junggesellen ist, erforderlich erscheint; ich schätze, daß hier mindestens
4—10 Menschen, Männer und Frauen, herumlaufen, resp. sich sonnen. Jeder
derselben hat nur einen bestimmten, sehr engen Wirkungskreis, nicht nach seinen
Fähigkeiten, sondern nach seinem Kastenrang.

Während der Zeit von 1—5 Uhr hielten wir uns der großen Wärme
wegen auf der kühlen Veranda schlummernd auf. Darauf sahen wir das
alte Schloß mit den Juwelen, dann den Elephanten-Hof, auf welchem 50 Stück,
meist riesige Kerle, vorhanden sind, daneben den Hof für die Thierkämpfe,
endlich das von Chisholm erbaute große College.

Auch hier herrscht die Unsitte - - darf ich wohl sagen — daß das Diner,
die Hauptmahlzeit, erst um 8 Uhr Abends eingenommen wird, selbst bei einem
Gastgeber, der derzeit Strohwittwer ist.

Mit anbrechender Dunkelheit nach Hause gekommen, hatten wir mithin noch
zwei Stunden, möglichst angenehm zu verbringen. „Etwas los" ist hier so
wenig, wie in irgend einer anderen Stadt Indiens; man geht gewöhnlich in
den Club, der fast nirgends fehlt und alle öffentliche Vergnügungen ersetzt.
Heute würden wir daselbst nun Niemanden gefunden haben, da die „Volunteers
in camp" waren. Die europäische Jugend, im Verein mit den „Halfcasts", das
heißt den Nachkommen von Portugiesen aus der Verbindung mit Eingeborenen,

bilden hier, wie auch in anderen Städten, ein Freiwilligencorps, eine Art Schützengilde, die von der englischen Regierung patronisirt und geleitet wird. Sie hat offenbar den Zweck, die geringe Anzahl der englischen Truppen zu verstärken, falls sich die Vorkommnisse von 1857 wiederholen sollten.

Wir beschlossen also das Lager, resp. das Bivouac aufzusuchen, das nicht allzufern lag. Freund K. war müde und wollte den „easy chair", auf dem er sich behaglich in der luftigen Halle hingestreckt hatte, nicht verlassen; ich ging also mit Lynn allein.

Die Stadt Baroda ist auf dieser Seite mit sehr weitläufigen breiten Wege-anlagen versehen, zwischen denen das Terrain parkartig mit Bäumen bepflanzt ist. Derartige Anlagen habe ich bis jetzt bei fast allen großen Städten Indiens gesehen; es kann kaum ein besseres Zeugniß für die Vorsorge und die Weitsicht der englischen Regierung geben. Das fast herrenlose oder doch werthlose Land wird auf diese Weise für die Stadterweiterung in passendster Weite vorbereitet und eine weitläufige villenartige Bebauung erleichtert. Dieselbe Taktik befolgt übrigens auch die französische Regierung bei ihren Colonien, wenigstens sah ich dies bei der Colonie Saigon in Anam.

Wir schlugen also einen dieser breiten Wege, welcher zu beiden Seiten mit prächtigen Banianen besetzt war, ein, der untergehenden Sonne zu, die, wie immer in letzter Zeit, den Abendhimmel mit einem intensiven gelbrothen Scheine erfüllte. Eine Menge Vögel, die mir Krähen zu sein schienen, flog in regel-mäßigem, ununterbrochenem Zuge von links nach rechts über unsere Köpfe. Die hiesigen Krähen sind aber viel kleiner als die unsrigen, und diese schienen noch größer, dicker und schwerfälliger, als die letzteren. Als ich Lynn diese Wahrnehmung mittheilte, lachte er und sagte, das sind ja alles fliegende Füchse. Ich hatte diese Burschen schon so häufig klumpweise an den Bäumen hängen, wahrscheinlich auch schon die Luft durchfliegen sehen, wie z. B. in Jeypoor, wo mir die Krähen ebenfalls so fett vorkamen.

Die fliegenden Füchse, die also in Indien sehr zahlreich sind, suchen die Nähe von Wasser und menschlichen Wohnungen auf, um sich mit einem Fuß an einem Baume aufzuhängen und den Tag zu verschlafen. Wenn ich zuweilen einen Baum voll dieser häßlichen, wie große Raupennester aussehenden Klumpen hängen sah, mußte ich immer denken: Wie würden unsere Jungen zu Haus danach mit Steinen zielen, und es juckte mir selbst noch die Hand, dies sofort zu versuchen. Kein Hindu-Junge denkt an solchen Frevel und auch die alten Hindus greifen nicht zur Flinte, wenn eine Schaar dieser häßlichen Geschöpfe nächtlich über ihre Fruchtgärten herfällt, um sie zu plündern; höchstens vertreibt er sie durch Geschrei. Auch die hier ziehenden Tausende, meinte Lynn, seien auf einer Plünderfahrt, sie würden in irgend eine große Pflanzung einfallen, wo eine Art Pinienzapfen reif sei.

„Zelte, Posten, Weerdaufer, lustige Nacht am Donauufer", mußte ich un-willkürlich recitiren, als wir uns dem „Volunteers camp" näherten. Wir schritten gleich auf's Hauptquartier zu. Lynn stellte mich dem Commandanten en chef, Mr. Lion, vor, der gleichfalls ein Fachgenosse war; wir mußten sofort ein „Pack" trinken, das übliche Getränk, eine Mischung von Wisley und Sodawasser. Bei dieser Gelegenheit erzählte uns Lion, daß unter seinen Offizieren auch ein Deutscher

Namens „Wulf" sei. „Wolf"*) sagte ich und buchstabirte den Namen. Richtig! — Den müssen wir einmal mystifizieren. Einverstanden! — Wir gingen also in Corpore zu einem Zelt, und man wies mir durch die Ritze einen kleinen jungen Mann, der schreibend am Tisch saß. Ich rief also durch die Ritze „Wolf". Diesen seinen richtigen Namen hatte er wahrscheinlich lange nicht gehört. Er sprang von seinem Stuhle auf: Who is there? „Wolf", wiederholte ich. I do not know you! Ich: Na, nun kommen Sie doch mal raus! No! please come in! Nun ging ich hinein, streckte ihm die Hand entgegen und fragte erstaunt: Kennen Sie mich denn nicht? No! — Ja, haben Sie denn keine Verwandten in Deutschland mehr? Er konnte vor Ueberraschung und Staunen kaum sprechen und starrte mich an. Nun konnten sich die draußen nicht halten, sie lachten und kamen herein. Der Zauber aber brach doch nur allmählig. Wolf entschuldigte sich, daß er nicht mehr ordentlich Deutsch sprechen könne, namentlich jetzt nicht, unter dem Eindrucke der Ueberraschung. Er sei schon an 15 Jahre hier und habe kaum je einmal Gelegenheit dazu, sich mit Landsleuten zu unterhalten.

Ein neuer „Pack" mußte den Spaß besiegeln, um, wie die andern sagten, „Wulf" wieder ins Gleichgewicht zu bringen.

Bombay, den 27. Januar.

Gestern kamen wir hier bei anbrechendem Tage an. Den fruchtbarsten Theil dieses Landes, den man den Garten Indiens nennt, hatten wir bei Nacht durchfahren. Die von Baroda kommende Eisenbahn durchschneidet die Malabar-Halbinsel und hier grüßten uns Palmenhaine und so üppige Bananenpflanzungen, daß wir uns nach Ceylon versetzt glauben konnten. Auch die unter tiefem Grün verborgenen Hütten und reichen Bungalows fehlten nicht. Im Esplanade (Whatsons) Hotel konnten wir provisorische Unterkunft finden. Ende hat seiner Zeit über dies große Hotel ein mit Recht absprechendes Urtheil gefällt. Seit einigen Jahren wird es indeß von einem geborenen Frankfurter Namens Poincelet verwaltet und läßt nunmehr kaum etwas zu wünschen übrig.

Bombay macht einen ähnlichen Eindruck wie Madras. Die schöne Uferstraße und eine Anzahl ganz hervorragender öffentlicher Gebäude, sowie das Fort, das Alles ist hier ganz ähnlich wie dort. Bombay ist aber noch erheblich großartiger.

Nachdem wir die nöthigen geschäftlichen Angelegenheiten besorgt, Geld erhoben, Schiffscabinen belegt hatten u. s. w., besuchten wir Herrn Ostermeyer, einen hier ansässigen Kaufmann, einen geborenen Stuttgarter, an den wir empfohlen waren. Derselbe lud uns Abends in den Yacht-Club ein, ein am Meere gelegenes großes Etablissement mit breiter Terrasse. Wir verlebten daselbst einen angenehmen und für die Beruhigung unserer etwas aufgeregten Nerven wohlthätigen Abend.

Den 30. Januar.

Nach fast zweitägiger Abwesenheit sind wir wieder hier angekommen. Unsere hiesigen Freunde hatten uns nach Malabar Hills eingeladen, wo ihre Bungalows liegen; in dem des Consul Herrn von Syburg übernachteten wir. Letzterer be-

---

*) Der Engländer spricht bekanntlich das o in vielen Worten wie a aus.

wohnt mit zwei Freunden — er ist Wittwer — einen besonders originell gebauten großen Bungalow, den ich in seinen genauen Maaßen aufgenommen habe, weil ich ihn als typisch und besonders practisch angelegt erachte, insofern man in demselben zu jeder Jahreszeit und bei jeder Windrichtung einen angenehmen Aufenthalt hat.

Malabar Hill ist eine Landzunge, welche die Back Bay (hintere Bucht) vom Meere trennt; auf der äußersten Spitze derselben liegt die Residenz des Gouverneurs; der übrige, wohl eine halbe deutsche Quadratmeile umfassende Theil ist fast ganz mit größeren und kleineren Landhaus-Anlagen bedeckt, die zumeist den reichen

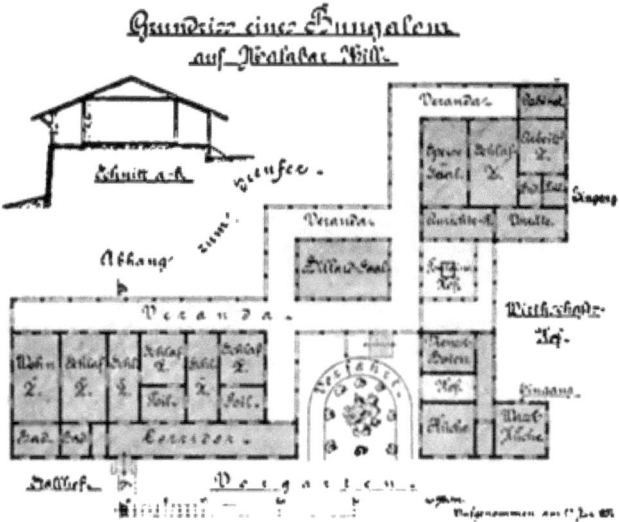

Parsis und Eingeborenen gehören. Die Europäer pflegen sich solche Anlagen zu miethen; auch unsere Freunde haben das gethan und sie sind wahrhaft großartig untergebracht. Meine Zeichnung wird zeigen, wie umfangreich und practisch solche Anlagen sind.

Die Mitte der Halbinsel erhebt sich an verschiedenen Punkten wohl 60—70ᵐ und man übersieht dort beide Meere. Des Consuls Wohnsitz liegt nach Westen mit dem Blick auf's indische Meer hinaus. Als ich Morgens erwachte, die Fensterladen öffnete und die durch die Veranda eingerahmte Landschaft sah, Palmen und die schäumende Brandung im Vordergrunde, links und rechts halb im Grün versteckt, zahlreiche weißschimmernde Landhäuser und das glänzende Meer unter dem goldenen Schleier zerstiebender Nebel, da konnte ich mich in ein Zauberland versetzt fühlen. Ich habe ja sehr viel in letzter Zeit gesehen — aber hier fühlte ich mich von Neuem tief ergriffen.

Zwischen Frühstück und Tiffin machten wir einen zweistündigen Spaziergang und kamen auch zu den Stätten, wo die Parsis, die in Bombay ihren Hauptsitz haben, ihre Todten durch Geier auffressen lassen. Auf einer ziemlich wüsten felsigen Höhe stehen zwischen verkrüppelten Bäumen fünf ganz glatte roh gebaute Thürme, etwa 8—12 ᵐ im Durchmesser und von 5—6ᵐ Höhe; zu denselben führet nur eine kleine eiserne Thür, die etwa 1,₂ᵐ über dem Boden angebracht ist. Der Rand dieser Thürme ist fast vollständig mit Geiern besetzt, die hier so träge und furchtlos hocken, daß ich sicher bin, man würde sie durch einen Steinwurf kaum zum Auffliegen bringen. Auch in den Bäumen ringsumher, meist sind es Palmen, hängen diese feisten Gesellen, wie Klumpen von Raupen, denen sie übrigens seltsamer Weise auch in der Wirkung ähneln, die ihre Anwesenheit ausübt, denn rings um sie her verdorrt das Laub und krankt der Baum.

Die Parsis sind hier die reichsten Leute; die todathmende Wüste, diese Armseligkeit kann nur Absicht sein. Die Parsis wachen auch sehr eifersüchtig darüber, daß Unberufene dieser Stätte ferngehalten werden; man darf sich nur bis auf eine bestimmte Entfernung den Thürmen nahen. Einen angenehmen Gegensatz zu dieser schaurigen Einöde gewährte uns eine herrliche Aussicht, die wir von einer Terrasse aus über die zwischen zwei Meeren liegende Stadt hatten. Man gewahrt dabei, daß Bombay eine große Industrie hat, besonders sind es Baumwollspinnereien, die sich durch einen Wald von Schornsteinen kenntlich machen.

Zum Tiffin siedelten wir zu unserm Freunde Ostermeyer über, der gleichfalls mit zwei Freunden, Heinrichs und Tinder, in einem schönen, herrlich gelegenen Bungalow haust. Das Alleinwohnen ist hier überhaupt nicht Regel. Die meisten Herren, selbst diejenigen in gesetztem Alter, sind Junggesellen, und dies Zusammenwohnen muß ihnen die Familie ersetzen. Frauen sind hier mithin sehr rar, aber zum Diner war doch eine dabei, nämlich Frau Glade, eine geborene Engländerin, aber in Heidelberg erzogen. Sie gab sich die möglichste Mühe, „Deutsch" zu sprechen und war natürlich der anmuthige Mittelpunkt der Gesellschaft. Wenn ich Frau sein müßte, so möchte ich es hier sein.

Bombay, den 31. Januar.

Wir besuchten heute die Insel Elephanta, welche man mit einer Dampfbarkasse vom Apollo Bunder aus in ungefähr 2 Stunden erreicht. Ich erinnere mich, daß mir schon in früher Jugend Abbildungen der in den Fels gebauten unterirdischen Tempel zu Gesicht kamen, und daß meine Phantasie dadurch lebhaft angeregt wurde. Daß ich diese Wunder je einmal in Wirklichkeit sehen würde, ist mir dabei nicht in den Sinn gekommen. Ganz so gewaltig, wie mir damals diese Wunder-Bauten erschienen, wirkten sie freilich nicht auf mich ein; die Phantasie kennt ja keine Grenzen und vergrößert bekanntlich immer die Dinge.

Die bewaldete Insel erhebt sich etwa 150ᵐ über dem Meeresspiegel; ziemlich auf halber Höhe tritt eine Porphyr Nase aus dem Pflanzwald hervor und dort haben die Hindus ihre Tempel ausgemeißelt. Ueber die Zeit, wann dies geschah, sind sich die Gelehrten nicht einig; die Schätzungen variiren zwischen 800—1300 n. Chr. Eine Aehnlichkeit mit egyptischen Bauten ist nicht zu verkennen.

Derartiger Tempel-Anlagen giebt es in Indien sehr viele und auch noch aus-
gedehntere. In Elephanta lehnt sich an den Hauptraum rechts und links ein
Lichthof an, mit je einem in den Felsen eingehauenen kleineren Heiligthum im Hintergrunde. Mächtige Sculpturen und Hochreliefs, Gottheiten darstellend, schmücken die
Nischen und Wände. Der Eindruck, den die Säulen mit ihren bauchigen Kapitälen
machen, ist ein sehr charakteristischer; sie zeigen durch ihre Construction deutlich an,
daß sie als Träger einer ungeheuren Last fungiren. Vor den Erbauern dieser Anlage
muß man den größten Respect bekommen. Hätte sich doch diese Architektur bis heute
weiter entwickelt — was hätte daraus werden können! Aber dann sind angeblich
die Portugiesen gekommen, und diese, im Glauben, ein gottgefälliges Werk zu
thun, scheuten, wie man erzählt, nicht die ungeheuren Mühen und Kosten, um schwere
Geschütze auf diese Höhe zu bringen und den Heidentempel zu zerstören. So

Grundriß (restaurirt) der unterirdischen Pagode auf Elephanta.

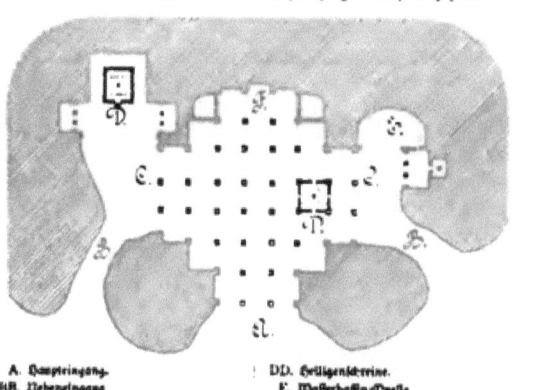

A. Haupteingang.
BB. Nebeneingang
CC. Lichthöfe.

DD. Heiligenkretrine.
E. Wasserbassin-Quelle.
F. Schrein mit dem Bilde der brahmanischen Dreieinigkeit.

berichtete uns wenigstens der Führer. Mir erscheint diese Version nicht glaubhaft;
auch finde ich darüber in den mir zugänglichen Schriften nichts gesagt. Es lassen
sich die meisten Zerstörungen durch Verwitterungen und Erdbeben erklären. Ich
bin sogar der Meinung, daß dieses Bauwerk, wie jede andere menschliche
Schöpfung, den Jahrtausenden nicht widerstehen wird. Freilich lassen sich die
Verstümmelungen an den ausnahmsweise guten figürlichen Darstellungen nicht
anders als durch die Rohheit der Menschenhand erklären. Fast die Hälfte der
Pfeiler ist zerstört, und die Decke trägt sich stellenweise bis auf ungefähr 15ᵐ frei.
Die gleichsam als Strebepfeiler dienenden Felspartbien rechts und links vom
Eingang erscheinen mir indeß schon zerklüftet und nicht mehr recht widerstands-
fähig; wenn aber diese einmal nachgeben, dann muß leider das ganze Bauwerk
einstürzen. Dasselbe gehört jedenfalls zu den rationellsten und schönsten dieser
Art, insofern es einigermaßen frei von Willkürlichkeiten und Spielereien und
architektonisch richtig aufgefaßt und durchgebildet ist.

In dem Lichthof rechts befindet sich ein von einer Quelle gespeistes Bassin. Da die Insel sehr reich an Schlangen und arm an süßem Wasser ist, so wird dieser Ort mit Vorliebe von Thieren dieser Art aufgesucht, die hier ihren Durst löschen. Zwei junge Engländer ließen sich von dem Aufseher, einem alten englischen Invaliden, der eine große Kriegsmedaille trug, auf's Ausführlichste von seinen Kämpfen mit Boa constrictor und Cobra erzählen. Noch ganz vor Kurzem sei eine junge Dame in jenen dunklen Raum eingetreten und plötzlich wieder herausgestürzt, da sie von einer Schlange zischend angefallen worden sei. Er, der Wächter, und die Begleiter der Dame wären darauf mit Lichtern und Stangen, die er zu diesem Zwecke stets bereit halte, eingedrungen und hätten eine große Cobra erlegt, „5 feet and 2 inches long". Wir haben keine Spur von einer Schlange gesehen, aber in das dunkle Gemach sind wir doch nicht hinein gegangen.

Auf dem ziemlich weiten Rückwege, der über eine lange steinerne Treppe zum Strande führt, wurden wir von einem Dutzend halbwüchsiger Burschen belästigt, welche „Kriegstänze" aufführten und Trinkgelder dafür erpressen wollten, die wir ihnen zu geben keine Lust verspürten. Es ist gewiß nicht überflüssig, daß zwei Polizisten auf dieser fast unbevölkerten Insel stationirt sind.

Die See war bewegt, das Aus- und Einschiffen nicht ganz leicht. Wir mußten uns auf den äußersten Winkel des Hinterdecks zurückziehen, um nicht bespritzt zu werden. Bei dem hellen Licht des Vollmonds landeten wir wieder am „Apollo Bunder".

Rückreise und Erinnerungen.

Rhede von Bombay,
An Bord des „Imperator", den 1. Februar.

Vor einer Stunde bestiegen wir im Victoria Dock den Dampfer, der uns nach Europa zurückbringen soll. Vermittelst starker Taue, die am Ufer befestigt sind, wurden wir langsam aus dem verhältnißmäßig kleinen und dazu noch mit großen Schiffen gefüllten Bassin herausgedreht, und es dauerte lange, bis der Hafenmeister am Ufer das Commando geben konnte: „Full speed go ahead!", worauf wir die schmale Einfahrt glücklich passirten. Im vollen Sonnenglanze liegt die große prächtige Bai da, eingefaßt von bergigen Inseln und Landzungen, gleichsam gespickt mit kleineren und größeren Schifffahrtszeichen, bezw. Leuchtthürmen. Um den größten der letzteren, der den Hafen-Ausgang bezeichnet, drehten wir uns im Kreise, bis wir die Richtung nach Westen einschlugen, die wir jetzt unverändert 7 Tage lang einhalten sollen. Eine Menge Möven von Tauben- bis Adler-Größe giebt uns das Geleit. Die reiche, mächtige Silhouette von Bombay mit all' ihren englisch-gothischen Thürmen und Kugeln verblaßt, auch Colaba Point mit seinem spitzen Kirchthurm und seinem reichen Baumwuchs verschwindet, während Malabar Point in der Ferne hervortritt.

Adieu Bombay! Adieu Land der Sonne und der Palmen! Nie wende sich Dein Glück!

An Bord des „Imperator", den 2. Februar.

Ob anderen auch immer so viele Zufälligkeiten auf ihren Reisen zustoßen wie mir? In der letzten Nacht hatte ich wieder so ein Abenteuer — ein Feuer an Bord des Schiffes, oder doch wenigstens eine Feuersgefahr! Gegen 5 Uhr wurde ich durch den Ruf meines Freundes K., der die Cajüte neben der meinigen inne hat, geweckt und hörte auf dem schmalen Corridor ein Geräusch wie von einer entzündeten Rakete. Ein blendender Feuerschein drang in meine Cabine. Ich nahm mir nicht die Zeit, mich auch nur nothdürftig anzukleiden, sondern stürzte sofort heraus und sah meinen Freund K., der in demselben Kostüm wie ich in einem Feuerregen zu stehen schien, welcher aus der Decke des Flurs mit starkem Geräusch hervorschoß. Auch andere Paſſagiere hatten ſich eingefunden, und der Ruf nach Hülfe und nach dem Capitain war allgemein. Zufälliger und, ich darf wohl ſagen, glücklicher Weiſe hatte ich am Abend vorher ſchon einmal dieſelbe Erſcheinung geſehen und konnte ſofort beruhigend eingreifen. An jener Stelle befand ſich eine ſogenannte Bleiſicherung im Kabel der elektriſchen Beleuchtung. Dieſe war in Folge Ueberladung des Stromes geſchmolzen, der überſpringende Funke machte das Blei flüſſig und zündete die Umhüllung an. Da die Sicherung unmittelbar unter der Eiſenhaut der Decke lag, mußte der Feuerregen nach unten und fand kein Material, welches er hätte entzünden können, ſodaß ernſte Gefahr nicht vorhanden war. Am Abend vorher, als es noch nicht dunkel war, hatte dieſer Vorgang nicht den erſchreckenden, unheimlichen Eindruck gemacht, zumal ſogleich ſachverſtändige Leute zur Hand waren. In der Nacht würde ich, wenn ich die Sache nicht ſchon gekannt, ebenſo erſchreckt geweſen ſein, wie alle Anderen. Dreimal wiederholte ſich dieſe Erſcheinung in kurzen Zwiſchenpauſen, dann glomm nur noch die hölzerne Umhüllung, welche endlich durch Waſſergüſſe aus einer Flaſche zum vollſtändigen Verlöſchen gebracht wurde. Der Schreck war nun wohl vorbei, aber Beruhigung war damit noch lange nicht eingetreten. Man verlangte nach dem Capitain oder nach dem wachthabenden Offizier. Aber erſt, als ſchon alles vorbei war, kam ein junger Mann, der uns erklären wollte, daß es nicht Sache der Paſſagiere ſei, bei ſolchen Angelegenheiten „to interfere" (alſo ein Engländer!), und daß die Anwendung von Waſſer bei Electricität gefährlich ſei! Da ſich nichts weiter zeigte, keine Flamme und kein Offizier (!!), wurde uns die Sache gleichgültig, und wir gingen wieder zu Bett. Aber mit dem Schlaf war's einſtweilen vorbei.

Mir ging der Vorgang durch den Kopf, weil ich mir nun genau vorſtellen konnte, wie die Sache beim proviſoriſchen Parlamentshaus in Tokio zugegangen iſt. Daß der Brand durch die elektriſchen Anlagen entſtanden, darüber hat nie Zweifel geherrſcht. Aber wie? Es ſollten die bis zur Glühhitze überladenen Drähte die ſie umgebenden Holztheile entzündet haben, weil die Bleiſicherungen gefehlt hätten! Das Feuer iſt indeß höchſt wahrſcheinlich in derſelben Weiſe entſtanden, wie bei dem oben beſchriebenen Vorgang. In dem ganz aus Holz aufgeführten Gebäude fand der Strahl, der einer Stichflamme gleicht, überall Nahrung. Auch iſt nicht ausgeſchloſſen, daß in den verſchiedenen Syſtemen ſich mehrere Bleiſicherungen faſt zu gleicher Zeit entzündeten. Hierdurch wäre auch die gleichzeitige Entſtehung des Feuers an mehreren Orten erklärt, ein Umſtand, der zu dem in nichts begründeten Gerücht Veranlaſſung gegeben hat, daß das Gebäude abſichtlich in Brand geſteckt worden ſei.

Den 5. Februar.

Schon 3 Tage ſchwimmen wir auf dem Indiſchen Ocean, das Wetter iſt wunderbar ſchön, die See ſpiegelglatt. Ich habe faſt die ganze Zeit benutzt, ein kleines Werk über die Geſchichte Indiens, welches ich mir ſchon drüben angeſchafft hatte, zu Ende zu leſen. Die Geſchichte dieſes Landes iſt gradezu entſetzlich, die indiſche Jugend kann ſich wahrlich an ihr nicht zu Heldenthaten begeiſtern und zu großen Männern bilden. Dennoch hat mich das Buch nicht

losgelassen, was wohl dem Umstande zuzuschreiben ist, daß mir die Orte, wo
sich die einzelnen Begebenheiten zugetragen haben, noch frisch im Gedächtniß
sind. Die Geschichte fängt so schön an mit dem König Asoka, 250 v. Chr., der
in seinem weiten Reich die Lehre Buddhas zur Staatsreligion machte, indem er
in Felsen und Pfeilern, die stellenweise noch heute vorhanden sind, die Grundsätze
einmeißeln ließ:

Keine Thiere sollen mehr geschlachtet werden,

Keine Trinkgesellschaften sollen geduldet werden,

Apotheken und Hospitäler sollen sowohl für Thiere als für Menschen
errichtet werden.

Nützliche Kräuter sollen gepflanzt und Brunnen sollen gegraben werden,
nicht allein für die Menschen, sondern für die ganze Thierwelt.

Diese Grundsätze gelten in der That noch bei den Hindus, wie aus meinen
Aufzeichnungen wiederholt hervorgeht. Auch existiren noch von frommen Ge-
sellschaften begründete Hospitäler, in denen alte kranke Thiere zu Tode gepflegt
werden.

Aber der Mann, der diese Gesetze gab, war ein Brudermörder, war durch
List und Gewalt auf den Thron gekommen. Und das characterisirt die ganze Geschichte Indiens. Das Volk ist gut und hat bis auf den heutigen Tag einige
lobenswerthe Eigenschaften, die es vor allen Völkern auszeichnen. Aber unter
allen denen, die es regierten, habe ich keinen großen Mann, der zugleich edel
und gut gewesen wäre, gefunden. Zu entschuldigen oder zu erklären ist dies
vielleicht dadurch, daß das Land seit den Zeiten Alexanders des Großen, bezw.
seit dessen Nachfolger Seleucus so oft das Ziel des Angriffs frember Völker-
schaften war, die von Norden eindrangen und das Land zerfleischten.

Indien ist auch nie in seiner vollen Ausdehnung zu einem National-Staat
vereinigt gewesen. Die mohamedanischen Eroberer, namentlich Akbar der Große,
1556—1605, haben wohl den ganzen Norden unter ihre Gewalt bringen können,
nicht aber die südliche Halbinsel, weshalb dort auch noch die altindischen Denk-
male, die ich in Madura, Trichinopoly u. s. w. sah, erhalten sind. Akbar wurde
aber von seinem zweiten Sohne, nachdem dieser seinen älteren Bruder ermordet
hatte, sechs Jahre, bis zu seinem Tode, gefangen gehalten. Dieser Usurpator
Shah Jehan ist es, unter dem die Mohamedanisch-Indische Baukunst ihre schönsten
Werke geschaffen hat. Shah Jehan verschwand ebenfalls plötzlich durch den
Verrath eines seiner Verwandten, und so geht die Geschichte Indiens weiter,
eine Geschichte von Verwandtenmord und Menschenschlächterei ohne Gleichen.

Die eingeborenen indischen Fürsten, die Radjas, waren nicht besser; dieselben
Leute, denen es ein Verbrechen erschien, ein ihnen lästiges Insect zu tödten,
mordeten unbedenklich Jeden, der ihren ehrgeizigen Plänen im Wege stand.

Nur eine characteristische historische Thatsache aus dem Anfang dieses Jahrhunderts will ich erzählen: Zwei Fürsten, von Jeypoor und Jodhpoor, wollten
dieselbe, einem benachbarten Herrscherhause entstammende Prinzessin heirathen,
konnten sich aber nicht einigen und geriethen darüber in eine heftige Fehde. Die
Liebe war es nicht, die sie so weit gebracht, denn die Angebetene war ein Kind
von wenig Jahren, aber von hoher, edler Abkunft. Als nun keiner der beiden
Bewerber den andern völlig besiegen konnte, als des Blutvergießens gar zu viel

ward und nicht enden wollte, da mischten sich die Nachbarfürsten ein und es
ward kaltblütig beschlossen, daß das Kind Gift trinken müsse, damit der streitige
Gegenstand aus der Welt geschafft werde.

Die entsetzliche Verderbtheit fast aller Fürsten, im Gegensatz zum Volk, welches
treffliche Eigenschaften entwickelt, namentlich tapfer und mit Todesverachtung
kämpft, läßt sich nur durch die Erziehung in der Abgeschiedenheit des Harems
erklären, wo die einzige ernste Arbeit der Frau die Intrigue ist. Und die Frauen
haben die letztere ordentlich geübt; Shakespeare hätte seine Vorbilder für Lady
Macbeth in Radjputana zu Dutzenden finden können. Das Volk, namentlich
das des letztgenannten Landes, welches die Hauptrolle in der Geschichte Indiens
spielt, ist besonders tüchtig und kriegerisch. Wäre ihm einmal ein wirklich großer
Mann geboren, wie ganz anders würde sich die Geschichte Indiens haben gestalten können. Aber auch das Kastenwesen ist meines Erachtens mit die Ursache,
weshalb ein großer Aufschwung, eine Volkserhebung niemals stattgefunden hat
oder stattfinden konnte. Der Bauer durfte niemals Krieger werden. Er ackerte
ruhig den Boden, wenn ganz in der Nähe die Schlacht wüthete, die das Schicksal
seines Landes entschied.

Dieses Kastenwesen wurzelt heute noch so tief im Wesen des Volks, daß es
auch in der neueren Geschichte die wunderbarsten Erscheinungen hervorgerufen
hat. Vor dem Soldaten-Aufstande des Jahres 1857 hatten die englischen
Gouverneure sich eine Parthei zu schaffen gesucht, indem sie die Bauern in großen
Landstrecken gleichsam emanzipirten. Letztere waren bis dahin, so zu sagen, Leib-
eigene der Feudalherren gewesen, die eine Herrschaft selbst über Leben und Tod
ausübten und fortwährende Klagen über unmenschlichen Gebrauch ihrer Vorrechte
veranlaßten. Das Gouvernement schloß nun mit diesen Bauern über die Köpfe
ihrer Herren hinweg einen Vertrag, der sie fast frei machte, ihre Abgaben auf einen
bestimmten Betrag festfstellte und eine Controle einsetzte. Als nun der Aufstand das
Land aufwühlte und erschütterte, da hielten die Bauern nicht etwa zur Regierung,
sondern krochen angstvoll in den Schutz ihrer alten Tyrannen. Diese aber machten
sich bei der Regierung beliebt, griffen die Meuterer auf und lieferten sie aus.
Die Folge war, daß der neue Gouverneur darauf verzichtete, sich mit diesem
sklavisch gesinnten Volke weiter einzulassen, und mit dem Lehnsadel neue Verträge
abschloß, die das alte Verhältniß im großen Ganzen wieder herstellten, nur daß
die Controle bestehen blieb, welche zu arge Ausschreitungen der kleineren Herren
verhindern soll. Gesetze binden heute überhaupt nicht mehr den Hindu, sich an
die seiner Kaste zugeschriebenen Functionen zu halten. Die Kaste, der die unter-
geordnetsten Beschäftigungen, wie Reinhaltung der Straßen und ähnliche Dinge
obliegen, könnte sich ja gegenwärtig z. B. dem Handwerk zuwenden. Wie mir
aber versichert wurde, geschieht dies in der That kaum je einmal. Die Vor-
urtheile sind den Leuten in Fleisch und Blut übergegangen und ohne irgendwie
nachzudenken, ergreift der Sohn stets dieselbe Beschäftigung, die der Vater aus-
übte; er will nichts anderes thun. als was in dessen Gedankenkreis gehörte.

Eine Reformation, politisch oder social von innen heraus, ist von diesem
Volk kaum zu erwarten. Mit Befriedigung kann Einen daher die Geschichte
Indiens erst von dem Zeitpunkt an erfüllen, wo britischer Einfluß die Geschicke
des Landes zu beherrschen beginnt. Anfangs freilich sträubten sich die Engländer

— gleich ihren Vorgängern, den Portugiesen, Holländern und Franzosen — sich in die politischen Angelegenheiten zu mischen. Die Engländer wollten eben handeln, nur handeln, und dies hofften sie in Indien durch Verträge mit den verschiedenen Fürsten zu erreichen, die sie gegen einander ausspielten, denen sie Tribut zu zahlen erforderlichen Falls keinen Anstand nahmen. Aber wo war da die Grenze, und wo fand sich eine Garantie der Sicherheit für den Fall des Ausbruchs von Kriegen?

Heute ist nun die Sache nach Jahrhunderte langer Entwickelung, wie mir scheint, für beide Theile befriedigend geordnet. Es giebt jetzt keinen indischen Fürsten mehr, der nicht einen englischen „Residenten" an seinem Hofe hat. In Wirklichkeit ist dieser der Herrscher; er läßt aber dem Radja, Maharadja, Jeypuar, oder wie die Titel der Fürsten sonst lauten, allen äußeren Glanz und auch recht anständige Einkünfte. Die Macht, oder sagen wir der Einfluß des Residenten ist allerdings nicht überall gleich groß; manchmal entstehen Conflicte — wie jetzt grade auch in Egypten. Zuweilen begeht der hohe Herr Extravaganzen, er kauft einen Edelstein für 4 Millionen Rupies, der aus den schwachen Staatseinkünften bezahlt werden soll, oder er mischt dem Residenten Diamantenstaub unter das Getränk, um ihn zu vergiften ꝛc. Dann zeigt der britische Leu nur ein wenig seine Krallen und die Sache endigt stets mit einem unzweideutigen „pater peccavi" des Aufsässigen, oder auch mit der Verbannung desselben in eine sehr schöne, aber entfernte Gegend, natürlich immer mit einer hochanständigen Pension.

An die Stelle des Abgesetzten kommt dann ein entfernter Verwandter; alt braucht derselbe nicht zu sein; Kinder unter 6 Jahren erhalten den Vorzug, da man diesen noch eine englische Erziehung geben kann. So wird das gewiß immer noch und troß alledem vorhandene vaterländische Gefühl des Volkes geschont, und wenn in der Regierung einmal etwas geschieht, was gegen die Anschauungen und das Gefühl der Bevölkerung ist, so ist es stets der angestammte Herrscher, der dafür anscheinend verantwortlich. Uebrigens sind große Landestheile schon von Alters her der britischen Regierung direct unterstellt.

Den 6. Februar.

Es hat seine Richtigkeit: Ich muß mehr als Andere auf meinen Reisen erleben. Diese Nacht große Wassersnoth in meiner Cabine. Ich bin eben am Einschlafen, da krabbelt es an meiner Thür. Es ist der Cameriere, der Ordre hat, alle Cabinenfenster zu schließen: „da mehr Wasser käme". Ich springe auf, sehe zum Fenster hinaus, es ist dasselbe Wetter wie zuvor, wir fahren mit dem Winde, es ist sehr schwül, und dann noch die Fenster schließen — ein schrecklicher Gedanke! Früher hätte ich sofort mein Bettzeug genommen und wäre auf's Deck gegangen, um dort zu nächtigen. Unser alter Doctor ist aber ein großer Gegner solcher Schlafstellen; bei Tisch wurden Räubergeschichten erzählt von Leuten, die sich dabei Gelenkrheumatismus, Augenkrankheit und dergl. geholt haben sollen. Mir ist das Schlafen auf Deck immer gut bekommen — aber ich bin auch inzwischen älter geworden, und wenn mein Vormund Kiehn es erfährt!

TWEN A**D INDIEN

Ich spreche also ein vernünftiges Wort mit dem Cameriere und schlage ihm vor, das Fenster einstweilen noch offen zu lassen, bis wirklich Gefahr im Verzuge. Ich sei ein alter Seefahrer und würde das Fenster zur rechten Zeit selbst schließen. Er besinnt sich eine Weile und sagt dann: Alla sua risponsabilità! — Einverstanden! — felice notte! — Ich schlafe besonders gut und fest, wenn das Schiff sich so langsam von einer Seite auf die andere legt, und so war ich auch schon eingeschlafen, als ich höre, wie etwas Wasser zum Fenster hineinspritzt. Nun ist's Zeit, denke ich, und springe auf, um letzteres zu schließen, lege mich aber zunächst zum Fenster hinaus, um noch einmal ordentlich Luft zu schnappen. Dasselbe ist etwa 60 cm breit, etwas weniger hoch und wird durch eine oben in Charnieren hängende eiserne Klappe geschlossen, die zwei runde feste Glasscheiben, sogenannte Ochsenaugen, hat.

Das Meer ist wunderbar ruhig, kein weißer Kamm, soweit man sehen kann. Hart an der Schiffswand schießt das zischende und schäumende Wasser, von Leuchtpunkten erfüllt, mit der Schnelligkeit von 14 Meilen in der Stunde vorbei. Mein Fenster liegt nicht hoch über demselben; wenn sich das Schiff auf meine Seite legt, kann ich es fast mit der Hand erreichen. Was kann da sein, wenn auch wirklich mal ein Spritzer über die Fensterbrüstung geht. Ich lasse das Fenster offen! Zur Vorsicht aber nehme ich die Spreize weg und lasse die Schlußklappe so weit herunter, daß sie auf den Verschlußschrauben ruht. Es bleibt da eine gute Hand breit Raum, das ist doch etwas! Ich lege mich also wieder zu Bett und schlafe wirklich fest ein, bis mich plötzlich ein starkes Brausen weckt. Ich sehe nun einen mächtigen leuchtenden Wasserfall sich durch das Fenster in meine Stube ergießen. Klatschend fällt er auf den Boden und der Schaum spritzt mir ins Gesicht. Dabei wird der Wasserstrahl noch immer stärker, das Schiff taucht noch immer nach meiner Seite. Der ganze Vorgang wird keine Minute gedauert haben, aber es kam mir unendlich lange vor, bis die rückläufige Bewegung eintrat und das Fenster wieder frei ward. Das wird eine schöne Geschichte werden, die Wassermasse dringt in den Corridor und in die benachbarten Kabinen. Wann wird der Alarm losgehen? Als ich zum Fenster stürze, um dasselbe zu schließen, war ich erstaunt, daß ich nicht knöcheltief im Wasser zu waten hatte: Wo war das Wasser geblieben? Ich hatte es leicht, mit der electrischen Beleuchtung volles Licht zu schaffen. Auf dem Fußboden lag wild durcheinander alles: Stiefel, Schuh und Pantoffelzeug, auch ein Kleidungsstück, von dem man conventionell nicht spricht. Das Wasser aber war durch eine breite tiefe Rinne abgelaufen, die sich an der Außenwand im Fußboden hinzog. Dieser Fall war also vom braven Schiffsbaumeister vorgesehen und damit war ich zunächst beruhigt und getröstet. Ich goß das Wasser aus den Schuhen, dabei fehlte mir einer; ich fand ihn an der Ausmündung der Rinne, wo er in Gemeinschaft mit einem Paar Strümpfen ohne Zweifel den Abzug verstopft haben würde, wenn der Erguß länger gedauert hätte.

Als der Tag graute, schellte ich den braven Cameriere herbei: „Es ist mir in der Nacht „un poco" Wasser durch's Fenster gelaufen." „Un poco", grinste er höflich, trat dabei aber den Saft aus dem Carpet. „Nun das wird ja an der Sonne bald wieder trocknen, und hier ist auch noch eine alte Rupie übrig geblieben!" — Damit wird, hoffe ich, der Fall erledigt sein.

Im rothen Meer, den 10. Februar.

Gestern Abend, als es schon ganz dunkel war, verließen wir das heiße Aden. Ich war allein an Land gegangen, um etwaige Briefe daselbst in Empfang zu nehmen, sonst interessirte mich dort nichts, da ich schon das dritte Mal diese Stadt sah und das in ihr herrschende fremdartige Leben und Treiben der braunen und schwarzen Race mir nichts Neues mehr bietet.

Mein beschwerlicher Gang — wir lagen weit draußen auf der Rhede und die See ging hoch — war vergeblich; ich war bei zwei Kohlen-Compagnien und auf der Post, aber kein Brief lagerte dort für uns. Als ich aufs Schiff zurückkam, fand ich, daß ich noch immer das bessere Theil erwählt hatte. Das Einnehmen der Kohlen hatte den Staub über das ganze Schiff verbreitet, man hätte sich nirgends sehen lassen können. Mein Freund K. hatte etwas vom Kohlenträger an sich, seine weißen Haare sahen ganz grau aus, und heute früh hat er sich ganz reine Bettwäsche fordern müssen, so schwarz war dieselbe in der Nacht geworden.

Einer ganzen Anzahl Passagiere ist übrigens schon in der Nacht eine gründliche Reinigung zu Theil geworden. Als wir Aden verließen, hatte sich das Meer vollständig beruhigt, es war sehr schwül und natürlich standen alle Cajütenfenster offen. Ich ging mit Kiehn sehr spät zur Ruhe, weil es in der Cabine unerträglich schwül und staubig war. Als wir uns endlich hinunterbegaben, war das Meer schon etwas unruhig geworden und mein Mentor beschwor mich feierlich, diese Nacht nicht wieder das Fenster offen zu lassen. Ich erfüllte diesen Wunsch — bis auf eine dreifingerbreite Ritze, auf die ich die Oeffnung künstlich reducirte. So ging es einigermaßen bis zum Morgen, als ich plötzlich das mir bekannte Geräusch vernahm, welches das auf den Boden klatschende Wasser verursacht. Ich hatte dies Mal alle meine Sachen vorsichtig weggelegt und hoch gestaut; also schloß ich bloß das Fenster und ließ das Wasser laufen, wohin es wollte, aber gleichzeitig vernahm ich ein Gerufe, ein Geklingele und ein Gelaufe im Schiff, das mir sofort sagte, was los war. Es war das Wasser in Strömen in fast alle Cabinen der Backbordseite eingedrungen. Wie ich am nächsten Morgen erfuhr, war das Unglück passirt, sobald das Schiff den nördlichen Kurs durch die Meerenge von Babelmandeb (Thor der Thränen) eingeschlagen hatte. Dort setzte ein starker Süd-Süd-Ost ein, der uns fortdauernd begleitet und das grünleuchtende Meer mit weißen Kämmen bedeckt. Es ist jetzt gradezu bezauberndes Wetter, warm, aber windig, daher nicht drückend. Alles erfreut sich an der herrlichen Luft oben auf dem Deck, das durch vielstündiges Spritzen und Scheuern endlich wieder sauber geworden ist.

Den 11. Februar, früh.

Der Capitain hatte uns schon vorausgesagt, daß wir in der nördlichen Hälfte des rothen Meeres anderes Wetter bekommen würden, und das ist auch eingetreten. Heute früh weht es aus Nord und der Himmel ist bedeckt. Die hellen Sommeranzüge sind verschwunden, der solide dunkle Frühjahrsanzug ist plötzlich zu Ehren gekommen. Gestern Abend wehte es stark aus Nordost und das Wasser schlug wiederholt über Deck, auch stellte sich Regen ein, der indeß nicht lange ankielt: So habe ich das Rothe Meer bisher nicht gekannt, auch der Capitain sagt, daß er solch kaltes Wetter hier noch nicht angetroffen habe, obschon er die Straße seit 14 Jahren befahre. Er ist überhaupt der Ansicht, daß der Suez-Kanal einen erheblichen Einfluß auf die Witterungsverhältnisse im Rothen Meere gewonnen habe.

Die Einförmigkeit der Seefahrt giebt Veranlassung zum Nachdenken, und so habe ich schon seit einigen Tagen mir die Frage vorgelegt: Hast Du Deine Indische Reise richtig angefaßt, oder wie würdest Du sie jetzt einrichten?

Im Ganzen und Großen kann ich die erstere Frage wohl bejahen, dennoch würde ich heute die Sache etwas anders anfassen.

Mein Freund v. W. hatte vollkommen Recht, als er mir sagte: „Ihr ganzes Wohlbefinden wird davon abhängen, ob es Ihnen gelingt, einen guten Reisediener zu bekommen, und den finden Sie am sichersten in Bombay, höchst selten in Colombo." Die meisten Reisenden fangen die indische Tour in Bombay an; deshalb erwarten dort die Boys von Beruf die Fremden. Es ist in Indien alles darauf zugeschnitten, daß man mit einem eingeborenen Diener reist. Abgesehen von der persönlichen Bedienung wartet derselbe bei Tische auf. Es stehen zwar fast überall die vom Hotel angestellten Diener zur Verfügung, d. h. in den großen Städten; in den Dagh-Bungalows ist man aber ganz auf eigene Bedienung angewiesen, ja der Diener muß zuweilen die Stelle des Kochs versehen.

Unser erster Diener nun, ein Tamil (Mohamedaner), war ein ungeschickter fauler Esel; der zweite, ein Hindu, der sich rühmte, ein Christ zu sein, war geschickt, aber er trank, war ungehorsam und eingebildet. In Calcutta gelang es uns, durch die Firma Cook & Son endlich einen richtigen Boy zu bekommen, und es ist nicht zu sagen, wie sehr verbessert unsere Lage seitdem war. Auf der Bahn namentlich hatten wir uns um nichts zu kümmern, er besorgte das Gepäck, kam an unseren Waggon, wenn es Zeit war, ein Mahl einzunehmen oder auszusteigen. Er begleitete uns bei Ausgängen, sorgte für unsere Verkehrsbedürfnisse und vermittelte bei Einkäufen, kaufte auch wohl selbst für uns ein. Wenn er dabei auch wirklich einen Procentsatz für sich einsteckte, so waren doch die Resultate für uns so zufriedenstellend, daß wir darüber oft staunten; er hätte häufig das Doppelte in Rechnung stellen können, wir wären doch zufrieden gewesen. Solche Annehmlichkeiten sind von zu großer Wichtigkeit, als daß man nicht dementsprechend handeln sollte. Ich würde also, falls ich nochmals eine Reise nach Indien machen sollte, schon vor Antritt derselben nach Bombay an Cos. Cook & Son das briefliche Ersuchen richten, einen guten Boy erster Klasse für mich in Bereitschaft zu halten. Der Lohn ist gering, etwa 30—40 Rupies pro Monat, wovon sich der Mann ganz und gar zu unterhalten hat. Das Fahrgeld auf den Bahnen für native servants ist außerordentlich gering. Nachts schläft der Boy im Corridor oder in der Halle vor der Thüre des Schlafzimmers seines Herrn. Selbst im kalten Darjeeling wurde keine Ausnahme gemacht, obwohl ich aus Mitleid dem Burschen mein Badezimmer als Schlafstelle anbot. Er nahm es nicht an.

Von Bombay würde ich dann die Reise über Calcutta nach Madras, also in umgekehrter Reihenfolge zurücklegen. Von Madras aus würde ich auf der Eisenbahn mit reducirtem Gepäck einen Abstecher nach den südindischen Städten machen und in derselben Weise, wenn die Zeit und der Muth ausreichen, noch Bangalore und Mysore besuchen. Endlich würde ich von Madras nach Colombo fahren und mindestens die letzten 6—8 Tage in dem Paradies von Ceylon, namentlich in Kandy (Villa Clarence) mich erholen, um dann mit dem besten Dampfer nach Europa zurückzukehren.

Vor dem Beginn der Reise würde ich mich an Cof. Cook & Son in Cöln wenden und um Uebersendung ihrer „Informations for India" ersuchen. Dasselbe würde ich übrigens vor Antritt jeder anderen exotischen Reise thun — man bekommt dann unentgeltlich ein kleines Buch zugesandt, welches Einen besser als alles andere über die practischen Erfordernisse aufklärt.

In Indien angekommen, würde ich mich wieder sofort an dieselbe Firma wenden, die in allen bedeutenden Städten ihre Bureaux hat, und mir durch sie zunächst auch das erforderliche Rundreisebillet kaufen, womöglich gleich einschließlich der Dampfschiffsfahrten. Es ist nicht leicht, aber sehr wichtig, sich über die zu Gebote stehenden Dampfschiffsverbindungen rechtzeitig zu informiren; durch Cook ist dies am leichtesten zu machen. Wir verloren 10 Tage durch Warten auf Dampfschiffe, weil wir uns dem guten Zufall überlassen hatten.

Der Oesterreichische Clovd und der Norddeutsche Clovd, sowie auch der „Rubattino" und die „Clan-Linie" sind für uns Deutsche besonders zu empfehlen, die Peninsular- und Oriental-Linie habe ich von Deutschen noch nicht rühmen hören.

Die Verbindung von Colombo nach Tuticorin ist einstweilen noch sehr schlecht; wer sich aus diesem nachtheiligen Umstand nicht viel macht, kann für diesen Theil der Reise die Route von Madras über Trichinopoly nach Colombo, statt direct von Madras per Dampfer nach Colombo wählen; man spart dabei Zeit und Geld.

Die Wahl guter Dampfschiffe ist höchst wichtig für die Annehmlichkeit der Reise.

Unseren „Imperator" und sein Schwesterschiff „Imperatrix" kann ich nur bedingt empfehlen. Es sind große, schöne, ruhig gehende Schiffe, die Verpflegung ist erster Güte. Dagegen läßt der Comfort zu wünschen übrig. Die Cajüten liegen zu tief im Wasser, bei dem geringsten Wellengange müssen die Fenster verschlossen bleiben, und das ist bei heißem Wetter schrecklich. Junge Leute können aber allenfalls auf Deck und ältere in den Salons schlafen. Den Dampfern des Norddeutschen Clovd gebe ich vor allen den Vorzug, obgleich sie, was den Comfort anlangt, nicht ganz auf der Höhe stehen. Die Decoration spielt eine zu große Rolle. Das beste Schiff, welches ich bis jetzt kennen gelernt habe, ist der „Belgic", mit dem ich seiner Zeit von Yokohama nach St. Francisco fuhr.

Die Jahreszeit, welche wir für die Reise wählten, ist die beste; einen Monat früher und einen später geht es auch noch.

Was die Reiseausrüstung anlangt, so genügt es, wenn ich sage, die Witterung ist in Nordindien um jene Zeit so, wie im Sommer und Frühherbst in Deutschland; in Ceylon, Südindien und Bombay, wie bei uns im Hochsommer. Darnach kann Jeder sich selbst sagen, welche Kleider er zu wählen hat; ältere Leute sollten sich nicht auf Experimente einlassen, sondern bei dem Gewohnten bleiben. Im Uebrigen kauft man in allen großen Seestädten die landesübliche leichte

Kleidung billiger als in Deutschland. Wäsche kann man stets in 12 Stunden gewaschen bekommen, das Trocknen erfordert ja wenig Zeit. Allerdings wird die Wäsche sehr ruinirt, und man muß immer die Scheere brauchen, um die entstandenen Fransen abzuschneiden, und der Boy muß die Nadel handhaben, um die verlorenen Knöpfe wieder anzunähen. Aber alles dies kommt doch nicht sehr in Betracht; der Verlust an Wäsche muß auf die Reisekosten geschlagen werden.

In Darjeeling ist es kalt, es genügten aber für mich doppelte wollene Unterkleider und ein leichter „Havelock" vollkommen. Einen dicken „Ulster", den ich mitgeschleppt, habe ich garnicht gebraucht; dagegen hat mir ein leinener „Duster" (Staubmantel), den ich seiner Zeit in St. Franzisco erstanden habe, und den ich eigentlich nur mitnahm, weil mein großer Koffer nicht voll werden wollte, sehr oft gute Dienste geleistet. Letzteren schickte ich übrigens schon von Colombo nach Bombay zurück, da ich ebenso wie Freund K. viel zu viel Sachen mitgenommen hatte. Ein Koffer mittlerer Größe muß genügen, daneben ein kleiner Cabinen-Koffer für Abstecher. Wie überall, ist auch hier zuviel Gepäck vom Uebel. Ohnehin hat man schon durch das erforderliche Bettzeug ein Extragepäck.

Auf den Eisenbahnen hatten K. und ich mit zwei kurzen Ausnahmen stets ein großes Coupée mit vier Arrangements zum Schlafen zur ausschließlichen Verfügung, wir konnten unser sämmtliches Gepäck darin mit Leichtigkeit unterbringen. Man kann auch letzteres nach beliebigen Orten einschreiben lassen. Daß dies aber häufig zu zeitweisen Verlusten führt, die sehr fatal sind, sahen wir an einem befreundeten Mitreisenden.

Die großen Eisenbahn-Touren werden fast ausnahmslos bei Nacht gemacht. Die Waggons sind auch ganz für diesen Zweck eingerichtet, und ich habe stets leidlich gut darin geschlafen. Alle Bequemlichkeiten sind zur Hand; ein paar Mal hatten wir sogar einen Bade-Raum im Anschluß an unser Coupée zur Disposition. Dennoch muß ich sagen, daß die nordamerikanischen Einrichtungen, die sogenannten Pullmann Palace Cars für längere Reisen vorzuziehen sind.

Von Unglücksfällen auf den Eisenbahnen hört man in Indien kaum, wahrscheinlich weil die Zahl der Züge sehr beschränkt ist. Die regelmäßigen Posten der Eisenbahnwärter kennt man nicht. Zu beiden Seiten ist der Bahnkörper durchgängig von hohen stachlichen Aloepflanzen — zuweilen sind es wahre Bäume — oder von Kactus eingefaßt. Das Benehmen der Beamten ist äußerst höflich.

Einen sogenannten „Freßkober" hielten wir stets gut gefüllt. Eine große Flasche Cognac, Chokolade, getrocknete Pflaumen und Feigen wurden stets als eiserner Bestand mitgeführt und, wo sich Gelegenheit bot, completirt; er hat uns factisch zuweilen das Hungern erspart. Zigarren muß man mitnehmen, wenn man in gewohnter Weise rauchen will.*) Die indischen Zigarren sollen gut sein, wir fanden sie für uns zu stark. Obst kauft man häufig auf Eisenbahnstationen: Ceylon bietet Cocosnüsse und Melonen, das übrige Indien Apfelsinen zu fabelhaft billigen Preisen. Ueberhaupt ist das Reisen in Indien nicht so theuer, wie in Europa.

---

*) Um sie noch in Oesterreich verzollen zu machen, führt man sie in einem Paßpaket direct nach Bombay.

Nachmittags 4 Uhr.

Seit etwa einer Stunde haben wir die verhältnißmäßig enge Einfahrt in
den Busen von Suez passirt und fahren in ziemlicher Nähe der Küste die Sinai-
Halbinsel entlang. Der Berg, welcher der letzteren den Namen gegeben hat, ist
über 7000 Fuß hoch; er bildet gleichwohl nicht die höchste Erhebung in der
Kette, welche bis über 8000 Fuß steigt. Dagegen tritt der Sinai am meisten
nach der Meeresküste zu hervor und scheint deshalb der höchste Gipfel zu sein,
welchem Umstande er seine Berühmtheit verdankt.

Ein breites sandiges Uferland, einen hellen Streifen bildend, trennt das
Gebirge vom dunkelblauen Meere, welches derzeit mit weißen Kämmen bedeckt
ist. Der röthlich gelbe Ton der scharf ansteigenden Felsen hebt sich in ange-
nehmem Farbencontrast vom Wasser ab. Schön ist das Bild aber nur für den
Maler; etwas Trostloseres als diese kahlen Berge läßt sich nicht denken. Auch
nicht ein Atom von Grün ist in den Schluchten zu erblicken.

Auf der West-Seite des Meerbusens liegt hier das Land uns noch näher,
d. h. es befindet sich hier eine langgestreckte flache Insel, welche, im Eigenschatten
liegend, tief dunkelblau erscheint. Die Sonne nähert sich dort dem Horizonte,
welcher von einer drei- bis vierfachen Reihe von blauen Gebirgssilhouetten
abgeschlossen wird, die sich wie Coulissen aneinanderreihen, die hinteren immer
blasser, als die vorderen, die letzten fast im Aether verschwimmend.

Die Fahrstraße ist hier schwierig, es liegen so viele Inseln im Golf zerstreut,
daß derselbe zuweilen das Ansehen eines großen Landsees gewinnt.

Abends 6 Uhr.

Ich bin vorhin von einem Herrn Seeoffizier bezüglich des Sinai falsch
berichtet worden. Nachdem ich mir die Seekarte selbst angesehen, finde ich, daß
wir erst jetzt zur Seite des berühmten Berges sind, was man deutlich dadurch
controliren kann, daß hier das Gebirge dicht ans Meer herantritt. Der Sinai
liegt weiter zurück und tritt als dunkle Masse über den umgebenden Bergen
hervor, ein etwas höherer Gipfel liegt ein wenig weiter südlich. Die Sonne ist
untergegangen, die Mittagsglocke hat das erwünschte Zeichen gegeben. Morgen
früh 4 Uhr treffen wir, so Gott will, in Suez ein.

Port Said, den 12. Februar.

Vergangene Nacht haben wir nur wenig geschlafen. Von Mitternacht an
arbeitete eine Pumpe, um das Sickerwasser aus dem unteren Schiffsraum zu
entfernen — wahrscheinlich wählte man diese Zeit, weil der langsame Gang des
Schiffes viel Dampf übrig ließ. Die Schläge der Pumpe aber machten das Schiff
erdröhnen, und als wir früh 4½ Uhr hier ankamen, ging das Kohlen-Einnehmen
los, mit einem Geräusch, welches kaum zu beschreiben ist. Ich hörte die Stimme
meines Freundes K., der in Seufzer und Verwünschungen ausbrach, und ehe es
Tag war, standen wir auf.

Port Said ist mir nun durch dreimaligen Aufenthalt daselbst hinlänglich bekannt. An's Ufer bin ich nur gegangen, weil das Wetter so wunderbar schön und kühl war, und weil ich erfuhr, daß am heutigen Faschingssonntag von 10—12 Vormittags eine Musikcapelle auf dem Cesseps-Platze spielen würde. Dieser Ausflug hat sich aber reichlich gelohnt; nicht wegen der allerdings leidlichen Musik der uniformirten städtischen Musikbande, sondern weil ich hier einen ganz unerwartet starken Zusammenfluß von Völkertypen mit mehr Ruhe betrachten konnte, als dies sonst im flüchtigen Vorüberziehen, wie z. B. in Aden, möglich ist. Das europäische Element, namentlich das der oberen Klassen, war kaum vertreten. Die vorderen Sitzreihen um den Musikpavillon waren meist eingenommen von Angehörigen der dunklen Racen, sei es, daß diese für europäische Musik sehr empfänglich sind, sei es, daß sie hier ihrem Bummel am besten nachgehen können; ich weiß es nicht, aber ich möchte das Letztere annehmen, obgleich sie meist andächtig zuzuhören schienen. Sie hatten sich, auf den einzelnen Bänken dicht gedrängt sitzend, fast nach Landschaften zusammengefunden. Wo 3—4 Europäer allenfalls Platz haben, saßen 6—8 Wüstensöhne oder -Töchter. Hier eine Gruppe tiefschwarzer Neger mit den unglaublich dicken, vorragenden Lippen, die Wangen mit Einschnitten tätowirt, was ihre Abstammung aus dem dunklen Erdtheil verbürgt; das dicke wollene Haar mit dem rothen Fez bedeckt, wahrscheinlich entlassene, entlaufene oder noch werbende Krieger.

Auf der nächsten Bank tiefbraune Araber der Wüste; der Turban verdeckt nicht nur ihren Kopf, sondern auch einen Theil des Gesichts, das, mehr oder minder bebartet, immer einen interessanten und tiefernsten nachdenklichen Ausdruck trägt. Dann folgt eine Bank mit weiblichen Wesen. Sie haben alle blasse Kinder europäischer Abkunft und in eleganter europäischer Tracht bei sich, werden also wohl Ammen sein. Sie sind nicht alle jung, auch nicht alle schlank, aber Race haben sie alle. Ihre Wiege dürfte wohl in Sicilien oder in den Abruzzen gestanden haben, darauf deutete auch ihre Tracht. Passinische Gestalten, noch etwas sonnenverbraunter und derber. Ein weiblicher „Panther" ist darunter, von vorne und im Profil gesehen, ein wirklich schönes Gesicht. Gewiß hat sie schon ihre Geschichte! Auf ihren Händen sieht man zierliche blaue Zeichen eintätowirt; wenn man die Hieroglyphen lesen könnte!

Stolze Söhne von den griechischen Inseln wandeln dicht vor der Tribüne auf und ab; diese sind natürlich zu vornehm, um sich in eine Reihe mit den Uebrigen zu setzen. Sie scheinen keine Schiffer zu sein, dazu sind ihre Hände zu fein; sie können dem Kaufmannsstande angehören, sehen aber eher wie Seeräuber oder Abenteurer aus.

Doch wie kann ich mich unterfangen, mit meiner Feder diese Bilder malen zu wollen! Solche Malerei ist immer und unter allen Umständen lau und flau. Ich werde den Malern unter meinen Freunden sagen, daß es so leicht ist, hierherzukommen, daß sie die Place de Cesseps an einem Tage, wo die „Bande" spielt, besuchen und sich in dem Café niederlassen sollen, wo ich heute mit meinen Freunden sitze. Ein angesessener gewandter Commissär wird sich ihnen schon auf dem Wege vom Hafen hierher aufdrängen, und mit dessen Hülfe können sie mit etwas Schmeichelei — eitel sind die Typen alle, das merkt man, wenn man sie betrachtet — und eventuell mit ein wenig Geld Modelle bekommen, wie sie der Orient nirgends besser bietet.

Angesichts der Insel Candia, den 14. Februar.

Auch das Mittelländische Meer zeigt uns ein freundliches Gesicht. Vorgestern um 5 Uhr verließen wir Port Said beim herrlichsten Wetter, und dieses ist uns auch bis heute treu geblieben. Im grellen Sonnenschein erglänzen jetzt die schneebedeckten Berge Kreta's zu unserer Rechten. Als ich mit K. heute auf's Deck heraustrat, sagten wir beide zu gleicher Zeit: „Wie der Himalaya". Zu verstehen ist dies allerdings so: Der Schnee ist auf beiden Gebirgen gleich weiß und die Gesammtumrisse haben eine entfernte Aehnlichkeit.

Ich habe die letzten beiden Tage damit zugebracht, meine Photographien zu ordnen, und zwar so weit, daß ich sie bei meiner Ankunft in Berlin sofort dem Buchbinder übergeben kann, der daraus drei stattliche Bände zusammenstellen wird. Dabei war ich so recht in der Lage, mir alles Geschehene noch einmal in's Gedächtniß zurückzurufen und mir Rechenschaft über den Erfolg der Reise zu geben.

Ich darf uns das Zeugniß ausstellen, daß wir die Zeit gut ausgenutzt und Vieles und sehr Interessantes gesehen und erlebt haben. Es hätte wohl noch dies und das mitgenommen werden können, aber ich mußte Rücksicht auf meinen treuflichen Begleiter nehmen, der etwas verwöhnter ist als ich und auch wohl weniger widerstandsfähig gegen Strapazen. Dadurch hat aber die Reise entschieden an Behaglichkeit gewonnen, und ich komme so recht frisch zurück, ebenso wie damals von Japan.

Was die Ausbeute speciell für mein Fach anlangt, so bin ich ja ausdrücklich nicht ausgezogen, um zu studiren oder gar archäologische Probleme zu lösen. Die Zeiten und solcher Ehrgeiz liegen längst hinter mir. Die Reise sollte mich in erster Linie erfrischen und anregen. Dieser Zweck ist ohne Zweifel erreicht.

Die ungeheure Menge von alten monumentalen Bauten, in Ruinen daliegend oder heute noch im Gebrauch, ist in keinem Lande der Erde in solchem Umfange vorhanden. Die Bauten der alten Inder sind am meisten erhalten im Süden und im südöstlichen Theile der Halbinsel, besonders in Madura, Trichinopoly und Tanjore; bis hierher scheinen sich die zerstörenden Einfälle der nordischen Völker, in letzter Zeit der Mohamedaner, nicht erstreckt zu haben, denn es war Regel, daß der Einnahme einer Stadt auch jedes Mal die Zerstörung derselben folgte. Von Delhi und seiner dreimaligen Zerstörung berichtete ich schon früher. Die Eroberer benutzten dann die Trümmer der alten Monumentalbauten, um neue zu errichten. Inschriften sagen nicht selten, wie viel alte Bauten in den neuen angebracht wurden. Gut erhaltene Reste der alten Hindu-Architektur finden sich deshalb nördlich von der oben bezeichneten Gegend kaum. Fast Alles ist hier mohamedanisch. Zuweilen hat der Sieger die wundervollen Pfeiler der alten Hindu-Architekturen, nachdem er sie ihres figürlichen Schmuckes beraubt, zu seinen Moscheen verwandt, wie in Ahmedabad; oder es sind ganze Hallen zu Höfen umgestaltet, wie im alten Delhi nahe dem Kutab Minar.

Dagegen hat die mohamedanische Bauweise nichts oder doch nur selten etwas von den indischen Elementen in ihren Styl aufgenommen; sie weist überall deutlich auf ihren byzantinischen Ursprung hin, und die Resultate, wie sie hier in ihren am meisten verfeinerten Werken vorliegen, sind sehr ähnlich den maurischen

Bauten in Spanien, Sicilien ꝛc., namentlich das Ornament zeigt zuweilen fast vollkommene Uebereinstimmung.

Die Hindus konnten wohl zu Hunderttausenden geschlachtet oder zu Mohamedanern gepreßt, nie aber ganz ausgerottet werden; sie haben auch ihre Architektur weiter ausgebildet. Man nennt die Werke dieser Art „Jaina", nach der vornehmsten Secte der Hindus, die etwa der Chinto-Secte in Japan entspricht. In diese Jaina-Architektur sind nun — im Gegensatz zu dem Verfahren der Mohamedaner — Elemente der byzantinischen Kunst aufgenommen; sie hat sich nach deren Vorbild in den Details verfeinert ꝛc.

Die Aufgaben der Hindu-Architektur sind, was den Bau zu gottesdienstlichen Zwecken anlangt, im Grundgedanken vollständig verschieden von denen der Mohamedaner. Der Hindu baut seinen Göttern Wohnhäuser, und ein einzelner Mann, wenn er auch „Gott" ist, braucht nicht viel Platz. Ein kleiner halbdunkler mystisch gestalteter und erleuchteter Raum genügte. Alles was drum und dran hängt, ist eigentlich überflüssige Decoration und Aufbauschung, und das ist die Characteristik der Hindu-Tempel. Für das Volk, welches sich zum Gottesdienst sammelte, wurden große mit Hallen umgebene Höfe um die Tempel herum gebaut. In den Hallen logirten dann auch wohl die aus weiter Ferne gekommenen Wallfahrer. Nebenbei scheint mit den religiösen Festen ein Jahrmarkt verbunden gewesen zu sein, denn in den Hallen zum Uebernachten findet man auch zahlreiche Kaufläden eingerichtet.

Der Religions-Cultus hat zu allen Zeiten und bei allen Völkern auf die Entwickelung der Architektur einen entscheidenden Einfluß ausgeübt, auf das Gotteshaus hat sich allezeit die baukünstlerisch schaffende Thätigkeit eines Volkes in erster Linie concentrirt. Da nun die Hindu-Religion die Schaffung eines großen Innenraumes nicht bedingte, so konnte auch kein originelles constructives Princip entstehen und sich entwickeln. Der bei allen Völkern hervortretende Drang, am Gotteshause das Beste und Größte zu leisten, konnte bei den Hindus nur dahin führen, daß man auf dem unbedeutenden engen Raume, der das Heiligthum beherbergte oder Wohnung der Gottheit bedeutet, Decorationen ad infinitum aufhäufte, und so entstand der Bau, den man Pagode nennt. Wo aber das constructive Gerippe fehlt, kann durch die Anhäufung von Decorationsstücken allein kein befriedigendes Bauwerk entstehen. Den Beweis hierfür liefern die Pagoden. Sie erinnern, von nahe gesehen, recht sehr an gewisse Schöpfungen, wie sie aus der Hand des Conditors hervorgehen. Von fern gesehen allerdings und als Elemente eines Städtebildes wirken sie durch ihre Größe und durch ihre Gesammtform imposant und phantastisch. Man fragt dann weniger: Was ist der Inhalt des Ganzen und was bedeutet dasselbe? Auch verschwindet dann das sinnlose schwülstige Ornament.

Beim Bau von Hallen kommt es hauptsächlich auf Ausbildung der Stützen, Säulen oder Pfeiler an. Letztere sind fast ausschließlich zur Verwendung gekommen, und es ist den Hindus gelungen, denselben eine wirklich originelle und oft schöne Gestaltung zu geben. (Vergl. Tafel XVI.)

Die Bauten der mohamedanischen Eindringlinge bilden den directen schroffsten Gegensatz zu denen der Urbevölkerung; es kann selbst der ungebildete Laie dieselben auf den ersten Blick unterscheiden und ebenso die Bautheile erkennen, welche die Mohamedaner geraubt und zu ihren Schöpfungen verwandt haben. Die Mohamedaner brachten einen fertigen Baustyl mit, der sich hier den klimatischen Verhältnissen anpaßte. An Stelle der großen geschlossenen Innenräume, wie sie die Moscheen des Abendlandes aufweisen, traten die an der Eingangseite ganz offenen geräumigen Hallen, aus einem System von Pfeilern, Bögen und kleinen Kuppeln bestehend. (Vergl. Tafel XIV.) Im Palastbau sind die Einzelformen fast genau wie an jenen Bauten. Eine Audienz- oder Gerichtshalle, ein großer Saal ist kaum von einer Moschee zu unterscheiden.

In den zahlreichen großartigen Mausoleen schlossen sich die Mohamedaner den Kuppelbauten des Abendlandes an und gelangten zu Typen, die wahrhaft großartig und originell sind. Die Frage, ob hier oder an den Ufern des Mittelmeeres die Moslemitische Kunst ihre höchste Blüthe getrieben hat, läßt sich nicht leicht entscheiden. Jedenfalls liegt ihre großartigste, umfangreichste Entfaltung in Indien.

Kap Matapan in Sicht! — ruft Freund Kiehn durch das Fenster des Decksalons herein — ich muß hinaus.

Den 15. Februar.

Es wäre allerdings schade gewesen, wenn ich dem Ruf meines Freundes nicht gefolgt wäre. Zu unserer Rechten lag, von der Sonne beschienen, aber doch in duftigem Flor, Kap Matapan. Auf dem im fernen Hintergrunde gelegenen Schneehaupte, dem St. Elias, löste sich ein Bergrücken ab und schob sich, immer niedriger werdend, bis in unsere Nähe, wo er mit einem kecken Abstury, der fast wie ein Stumpfnäschen aussah, in's Meer abfiel. Wir setzten uns zusammen auf's Deck, — es ist das trotz der zunehmenden Kühle noch möglich, wenn man eine Decke über die Füße nimmt — bis wir jenem obengenannten, etwa 7- 8000 Fuß hohen Berge, der eine spitze Pyramide bildet, gegenüber waren und die untergehende Sonne ihn purpurroth färbte. Dann zogen wir uns vor der zunehmenden Kälte und dem Abendwinde in den Salon zurück. Ehe wir zu Bette gingen, kam der Capitain noch herunter und sagte uns: Jetzt befinden wir uns an der Stelle, wo die Seeschlacht von Navarino geschlagen wurde.

Heute früh wieder herrliches Wetter. Wir verlieren die Küste zur Rechten nicht aus den Augen. Es sind die schneebedeckten Felsengebirge von Albanien, die jetzt an uns vorüberziehen. Im Vordergrunde liegt Corfu mit mäßigen Höhenerhebungen, die sich dunkel von jenem blendenden Hintergrunde abheben; die Entfernung bis Corfu ist sechs, bis zur albanischen Küste etwa acht Seemeilen.

Den 16. Februar.

Gegen Mittag kam zur Linken die italienische Küste in Sicht, ein langgezogener niedriger Landstreifen. Als wir uns derselben bei Otranto bis auf wenige Seemeilen genähert hatten, entschwanden die albanischen Gebirge auf der andern Seite unseren Blicken. Bei der Einfahrt in die Adria aber sahen wir noch zu beiden Seiten deutlich die Küsten. Abends um 7½ Uhr fuhren wir in den lustig mit grünen, rothen und weißen electrischen Lichtern erleuchteten Hafen von Brindisi ein. Ich ging an Land, um Briefe zu empfangen, die mir schon in Port Said angezeigt waren. Vergeblich! Blos für A. war ein Brief dort. Als wir den Hafen verließen, lagen wir längst in unseren Betten, und als wir früh Morgens in den hellen Sonnenschein hinaustraten, hatten wir dicht an unserer rechten Seite die Felsen der kleinen Insel Pelagosa, welche schon österreichischer Besitz ist und demnächst einen Leuchtthurm erhalten soll. Der Capitain erzählte uns, daß vor einigen Jahren der Irredentist Imbriani im italienischen Parlament es eine Schande genannt habe, daß diese Insel im Besitz einer fremden Macht sei. Darauf habe die österreichische Regierung ihre Bereitwilligkeit erklärt, dieselbe an Italien abzutreten, wenn dieses nur die Kosten des Leuchtthurmes erstatten und den Leuchtthurm unterhalten wolle. Damit sei für dies Mal der Irredentismus total auf's Maul geschlagen gewesen. Seither war keine Rede mehr von der Abtretung der Insel.

In diesem Augenblick passiren wir die Stelle, wo die Seeschlacht von Lissa geschlagen wurde. Die hübsche bergige Insel dieses Namens liegt etwa 4 Meilen zu unserer Rechten. Unser Schiffsarzt, ein würdiger alter Herr, weiß genau Bescheid; er ist häufig mit Augenzeugen hier gewesen, kann uns den Hergang der Schlacht beschreiben und die Stellen bezeichnen, wo der „Re d'Italia" in den Grund gebohrt wurde und der „Palestro" in die Luft flog. Ich dachte dabei, es ist doch gut, daß die damaligen Feinde heute Freunde und beide mit uns verbunden sind. Diejenigen werden unvergessen sein, die dieses gewiß schwierige Friedenswerk geschaffen haben, welches unserer Zeit und hoffentlich auch der Zukunft die Signatur aufdrückt.

Wir fahren jetzt der dalmatinischen Küste entgegen, die sich weniger rauh wie die albanische anläßt. Das Meer ist in Wahrheit spiegelglatt.

Triest, den 17. Februar.

Als wir heute früh erwachten, stand die Schiffsmaschine still, wir mußten also am nächsten Ziel unserer Reise, in Triest, angekommen sein. Und so war es auch, die Stadt mit den sie umgebenden kastellgekrönten Bergen lag im hellen Sonnenglanze da. Sie gleicht in ihrem ersten Anblick Genua, kann aber nicht in gleichem Maaße, wie dieses, auf den stolzen Beinamen „La superba" Anspruch machen. Seit 1857 habe ich die Stadt nicht gesehen, dennoch fand ich mich sofort in allen Theilen zurecht, als wenn ich erst vor Monaten dort gewesen wäre. Das macht das für Eindrücke so empfängliche Gedächtniß der Jugend. Heute habe ich schon Mühe, die einzelnen Städte Indiens so auseinander zu halten, daß ich sie nicht verwechsle.

Unsere zuletzt auf 10 Personen zusammengeschmolzene Schiffsgesellschaft fand sich noch einmal im Hotel de la Ville zusammen und stob von da nach allen Himmelsgegenden auseinander. Wir, A. und ich, beschlossen, einen Tag hier zu bleiben, und haben denselben hauptsächlich dazu benützt, uns das berühmte kaiserliche Gestüt von Lipizza einmal anzusehen, welches, etwa zwei deutsche Meilen entfernt, auf dem Karstgebirge liegt. A. und ich begegnen uns in Liebhaberei für Pferde und haben auch keine Gelegenheit versäumt, in Indien denselben unsere Aufmerksamkeit zu schenken. Die englische Regierung hat sich große

Mühe gegeben, das einheimische Pferd zu verbessern; sie hat auch mehrere große Gestüte eingerichtet. Einstweilen müssen aber noch die meisten, namentlich die für das Militair bestimmten Pferde aus Australien eingeführt werden. Das Gouvernement läßt regelmäßig große Transporte kommen und sucht die besten für sich aus; der Rest wird öffentlich versteigert. Die australischen Pferde sind mittelgroß und dauerhaft, aber nicht schön. Sie sollen das indische Klima ziemlich gut vertragen, was mit den aus Europa eingeführten nicht der Fall ist. Im Westen und Nordwesten findet eine starke Einfuhr von arabischen Pferden über Kurachee statt. In Bombay ist der Hauptstapelplatz, dorthin kommen die arabischen Händler von genanntem Ort per Schiff. Wir versäumten natürlich nicht, jene Märkte zu besuchen und uns eine ziemliche Anzahl direct aus Arabien (angeblich Nadjed) importirter „Araber" vorführen zu lassen. Es sind die bekannten unübertroffen edlen Typen, aber leider alle sehr klein, keines volle 5 Fuß hoch; sonst hätte K. eins gekauft. Die Preise waren aber hoch. Nur Hengste, niemals Stuten, geben die arabischen Züchter ab; auch waren auf dem betreffenden Markt nur Hengste zu sehen.

Wien, den 19. Februar.

Wer nicht auf die Genüsse des modernen behaglichen Lebens eine Weile verzichten kann, soll nicht nach Indien gehen. Das fiel mir so recht in den Sinn, als ich hier in das „Hotel Imperial" einzog und mich die Behaglichkeit des electrisch beleuchteten und vornehm duftenden Zimmers umfing.

Mit den Hotels ist es in Indien noch übel bestellt. Nur die beiden Haupt-hotels in Colombo und Bombay entsprechen europäischen Voraussetzungen. In ersterem imponirt die Gesammtanlage, der große Saal mit der Halle und das rege fremdländische Treiben. Die Ausstattung der Logirzimmer geht aber nicht über die eines Hotels dritten Ranges hinaus. In Bombay sind die Zimmer etwas besser. Sonst ist es für einen verwöhnten Reisenden überall schlecht be-stellt. Ich würde rathen, bei Reisen im Innern in zweifelhaften Fällen die von dem Gouvernement eingerichteten Logirhäuser, die „Dagh Bungalows", zu be-nutzen. Man hat dort zwar nicht viel mehr als die nackten vier Wände, aber diese sind doch luftig und ziemlich reinlich. Für Essen und Bett sorgt man selbst, da hat man dann nie Ursache zu klagen. Wenn erst mehr Touristen Indien besuchen, dann werden sich dort auch wohl Europäer finden, die Hotels einrichten. Wo letztere in den Händen der Eingeborenen sind, da ist's meist schauerlich, das fühle ich eigentlich erst jetzt so recht durch den Vergleich.

Den 20. Februar.

„Nulla dies sine linea" soll auch am letzten Tage meiner Reise mein Wahl-spruch sein.

Wir haben also gestern und vorgestern uns in Wien „akklimatisirt". Nie gehe ich nach Wien, ohne einen Blick in die Stephanskirche zu thun, deren Inneres stets auf mich einen so großartig feierlichen Eindruck macht. Gestern aber war dieser größer als je vorher. Ich habe ja in den letzten Monaten soviel gesehen, namentlich Gotteshäuser und Mausoleen, und bin auch manchmal überrascht und ergriffen gewesen. An einen Eindruck, wie ihn der „Stephan" macht, darf man dabei freilich nicht denken, daran reicht nichts auch nur im Entferntesten.

Vom indischen Gotteshaus habe ich schon früher erzählt. Der kleine Raum, in dem der Gott wohnen soll, kann nur mit einer kleinen fast dunklen Kapelle verglichen werden. Die Moschee der Mohamedaner ist, wie auch schon mitgetheilt, eine offene Halle, häufig monumental und brillant durchgeführt; sie stellt auch nicht das Haus Gottes dar, sondern einen Betsaal, in dem man ihm geschützt vor Sonne und Wetter huldigt. Von feierlichen Eindrücken keine Rede!

Deshalb hat mich heute der alte St. Stephan mit seinen himmelanstrebenden Pfeilern und Gewölben, mit dem reichen, wenn auch barocken Schmuck der Altäre, mit seinen wunderbar gestimmten farbigen Fenstern, die Alles mit einem zauberhaften Licht übergießen, so seltsam berührt, daß ich ordentlich weich geworden bin.

Neu ist mir in Wien nur das kunsthistorische Museum gewesen, dessen Inneres ich zum ersten Male betrat. Respect vor der Kunst, Respect vor seinem Erbauer! Wir haben nicht Zeit, die Ausstellungen gründlich zu besehen, und haben uns wesentlich auf die Bildergallerie beschränkt, die bekanntlich sehr reichhaltig ist; es ist meist die aus dem Belvedere hierher gebrachte Sammlung. Nun weiß ich nicht, war es der Contrast gegen das überaus reiche Gebäude, die Ausstattung der Säle und besonders des Treppenhauses, oder war es der wenig vermittelte Uebergang aus dem Anstaunen der indischen Naturwunder — kurz, ich bin, wie ich zu meiner Schande gestehen muß, aus dem Gähnen nur zeitweise herausgekommen. Ist doch hier, wie in den meisten derartigen Gallerien, dem großen Publikum stellenweise ein „Plunder" vor Augen geführt, unter dem die wirklich genießbaren Sachen kaum herausgefunden werden. Ich habe ja allen Respect auch vor den kleinsten Erzeugnissen der Kunst früherer Tage; sie sind, sobald sie beglaubigt in die Kunstschöpfungen vergangener Zeiten eingereiht werden können, werthvoll für das Studium der Spezialisten und auch solcher, die überhaupt die Sache wahrhaft studiren wollen. Aber für das Volk — auch das vornehme — nein! Das kann sich daran weder erfreuen noch auch beleben. Höchstens lernten die Leute „lügen", daß sie dies und das schön finden, weil ein berühmter Name daran hängt. Der natürliche Geschmack und das naive Urtheil geht dem, der „gelegentlich" diese Speise kostet, einfach verloren.

Man sollte in ein solch glänzendes Gebäude auch nur wirklich gute Werke, die eigentlichen Blüthen der Kunstepoche aufnehmen; alles übrige gehört meines Erachtens in einen kahlen, aber gut beleuchteten Arbeitsraum.

In Wien ist immer „viel los", das unterscheidet es charakteristisch von den großen indischen Städten, in denen nie etwas los ist. Dort kann man sich sparen, überhaupt danach zu fragen. Die Hauptmahlzeit des Tages findet so spät, meist um 8 Uhr statt, daß man hinterher mehr als hinreichend müde ist, um den Rest des Tages in einem Schaukelstuhl oder einem „easy chair" zu verträumen und spätestens um 10 Uhr das harte Bett aufzusuchen.

Nun muß ich wohl, um nicht in den Verdacht zu gerathen, als hätten wir jene charakteristische Eigenschaft Wiens recht ausgiebig ausgenutzt, hinzufügen, daß wir einen Abend im Burgtheater den „Hexenmeister", den andern Abend im Josephstädtschen Theater den „letzten Kreuzer" gesehen haben. Bei dem Glase Bier, welches wir nach der Vorstellung unbedingt nehmen mußten, überkam uns beiden Alten dann die Erinnerung an manche bei trübem Lampenlicht verbrachte Abende, wo uns nur das Geschrei der kleinen Eichhörnchen und ähnlicher Geschöpfe unterhielt, und aus alter Gewohnheit der — Schlaf!

Auch das hat man in Indien nicht, was wir in Wien täglich zum Frühstück in der Böblinger Gasse mit besonderer Vorliebe aufsuchten, einen gemüthlichen „Frühschoppen!" „Gemüthlichkeit" — Ich glaube, dieses Wort kann in der indischen Sprache garnicht existiren; ich erinnere mich desselben nicht einmal in der englischen Sprache, wenigstens habe ich es die ganze Zeit über nicht gebraucht und nicht gehört. Gemüthlich kann es nur da sein, wo es draußen kalt und drinnen warm ist. Deshalb sehne ich mich nach dem Norden und möchte nicht in Indien leben.

Berlin, den 22. Februar.

Gestern, den 21. Februar, Abends, kamen wir in Berlin an, von den Meinigen und Kiehn's Söhnen freudig empfangen. Wir hatten in Mähren und in Böhmen weite Schneelandschaften durchfahren, hier empfing uns, o Wunder, milde Frühlingsluft.

„Sie werden uns doch wohl wieder mit einer Aufzeichnung Ihrer Reiseerlebnisse erfreuen," war meist der Schluß der Unterhaltung mit meinen hiesigen Freunden, denen ich zuerst begegnete. „Ich habe Ihre früheren Aufzeichnungen zuweilen benutzen können — ohne Angabe der Quelle" — sagte mir ein Literat. „Ich sehe mir Ihr Buch noch immer mit Vergnügen an, namentlich die Bilder," meinte ein Dritter.

Da habe ich denn wohl nicht widerstehen können, und so schreibe ich gleich heute den Schluß und morgen eine Einleitung.

Nachtrag zur „Reise nach Japan".

An Ihrer „Reise nach Japan" fehlt der Schluß, sie läßt viele Fragen offen. Was ist z. B. aus ihren „bunten Vögeln" geworden, die Ihnen in Yokohama davonflogen, was ist aus Ihren Plänen und Bauten geworden?" — so werde ich noch heute zuweilen von meinen Freunden gefragt.

Jetzt, wo ich entschlossen bin, jenen Erinnerungen aus Japan solche aus Indien folgen zu lassen, habe ich ja die beste Gelegenheit, das Versäumte nachzuholen. Also!

Meine Koffer haben ihren Weg auch ohne mich — auf der anderen Seite um die Erde gefunden. Sie kamen etwa 14 Tage später als ich in Europa an. Als meine Frau dieselben öffnete, brach sie in den Ruf aus: „Eine Kiste Mehl", und so sah die Sache auch wirklich aus.

In der Regenzeit hatte ich eingepackt, der Deckelverschluß war auch wohl nicht dicht, und so hatte sich die obere Schicht der Kleidungsstücke mit einem dichten weißen Schimmel bedeckt. Der Schaden war jedoch nicht groß, der Schimmel ließ sich ziemlich leicht entfernen und das Uebrige that Spindler.

Was die zweite Frage anlangt, so ist der Hergang kurz folgender:

Im Frühjahr 1887 brachte, wie verabredet, mein Socius Ende in Begleitung der Herren Architekten, die für die Ausführung angeworben waren, die fertigen Baupläne nach Tokio. Die politische Situation hatte sich aber inzwischen schon geändert. Von dem Enthusiasmus, den die damalige Regierung für unsere Pläne an den Tag gelegt, fand Ende schon nicht mehr viel vor. Heftige Angriffe der Oppositionspresse hatten jene Bauten als Verschwendung und die Ausführung durch Fremde mit so großer Vollmacht für antinational erklärt. Ueberhaupt war die Stellung des Ministeriums Ito-Inouye durch die Agitation einer reaktionären, den Neuerungen feindlichen Parthei erschüttert. Die vorgelegten Baupläne wurden indeß genehmigt und die Ausführung verfügt. Bezüglich des Parlaments-gebäudes aber wurde von Ende die schleunige Anfertigung eines Planes für ein provisorisches Gebäude verlangt, da die Eröffnung der Kammern auf Grund eines Versprechens des Mikado im Jahre 1890 stattfinden sollte und man fürchtete, bis dahin den definitiven Bau nicht vollenden zu können.

Jenes Provisorium, fast ganz in Holz ausgeführt, wurde zur rechten Zeit fertig, brannte aber bekanntlich ab, nachdem die Kammern ein einziges Mal darin getagt hatten. Inzwischen ist indeß das Gebäude in derselben Weise in kürzester Frist zum zweiten Mal erbaut worden.

Von den sonst projektirten Bauten wurde die Errichtung des Gerichtsgebäudes und des Justizministeriums — genau, wie wir in Aussicht genommen hatten, in Granit und Verblendsteinen — in Angriff genommen.

Eine große Verzögerung trat aber dadurch ein, daß die von mir im Einverständniß mit den zuständigen Behörden für die Gebäude ausgesuchten Bauplätze unter der neuen Gestaltung der Dinge nicht mehr zu haben waren und wir wiederum damit auf den morastigen Hibvia verwiesen wurden. Umfangreiche Versuche mußten erst darthun, wo die Gebäude daselbst allenfalls errichtet werden konnten und schwierige Fundirungen verzögerten weiter die Ausführung.

So ist es gekommen, daß jene beiden allerdings sehr umfangreichen Bauten erst kürzlich bis zum Dach vollendet wurden. Herr Architekt Seel, der als erster leitender Baumeister seiner Zeit angestellt wurde, führt dieselben unter Beihülfe der japanischen Architekten, die wir auf unserem Atelier in Berlin ausgebildet haben, einstweilen weiter.

Eine Arbeit, die ich mit ganz besonderer Liebe und mit großer persönlicher Anstrengung angefertigt habe, der Bebauungsplan von Tokio, ist, wie es scheint, vergeblich gewesen, trotzdem Seine Majestät der Mikado sich seinerzeit für einzelne Parthien desselben lebhaft interessirt hatte. Es kann auch kaum Wunder nehmen, daß der Plan den neuen Machthabern, die an der Entstehung gar keinen Antheil hatten, undurchführbar erschien. Es fehlte dem Plan ja der Erklärer und Vertheidiger, welcher den Beweis hätte führen können, daß die allmälige Durchführung durchaus nicht schwer sei.

Wenn einmal die dreifachen Mauerringe um Tokio fallen, was ja doch früher oder später der Fall sein muß, wenn die ungeheure Menge cyklopischer Steinblöcke disponibel wird, dann wird man sich vielleicht meines Vorschlages erinnern und darüber nachsinnen, wie jenes Steinmaterial füglich verwendet werden könne.

Einstweilen hat ein Ministerrath beschlossen, von den Plänen abzusehen und mich — ich erwähne dies als einen Beweis der unter allen Umständen beobachteten Höflichkeit der Japaner — gebeten, ausdrücklich und schriftlich auf die Ausführung zu verzichten: — Was wäre wohl geschehen, wenn ich nicht verzichtet hätte!

Eine große Ziegelei, welche unter Garantie der Regierung gebaut wurde, ist inzwischen vollendet und liefert treffliche Verblendsteine. Auch eine Cementfabrik ist in gleicher Weise errichtet; sie functionirt, so viel ich weiß, zur Zufriedenheit und das „Grand Hotel" für Tokio muß auch wohl gut ausgefallen sein. Ich traf auf meiner indischen Reise eine Familie, die in demselben logirt hatte und die feine Einrichtung sehr lobte. Der Architekt, Herr Kaufmann, der für die Ausführung von uns engagirt war, starb leider während des Baues an einer Lungenentzündung; seitdem hatten wir die Fühlung mit diesem Bau verloren.

Wenn ich noch einmal eine große Reise machen und nochmals Erinnerungen schreiben sollte, dann kann ich vielleicht den Abschluß aller dortigen Bauten melden.

Als ich, von meiner japanischen Reise zurückgekehrt, meine Tagebuchblätter dem Druck übergab, mußte ich manche Seite wegstreichen, weil die Darstellung zu unvollkommen war und die Korrektur mich zu lange aufgehalten hätte. Dabei fiel denn auch eine kleine Episode aus, die ich nachmals zuweilen meinen Freunden mündlich zum Besten gab. Man bedauerte, daß ich dieselbe in den Papierkorb hatte fallen lassen. Da mir nunmehr die Muße der langen Schifffahrt Gelegenheit gegeben hat, dieselbe aus dem Gedächtniß wieder niederzuschreiben, möge sie hier als Schluß des Ganzen folgen.

Eine Nachtfahrt in Tokio.

Es war an jenem Tage, an welchem wir den japanischen Ringern zugesehen hatten. (Vergl. Seite 115 der „Reise nach Japan".) Der Tag war zu Ende, und nachdem wir eine Weile hin und her berathen hatten, wie der angebrochene Abend weiter angenehm zugebracht werden sollte, fand schließlich der Vorschlag, nach einem entfernteren, schön gelegenen Orte zu fahren, — der Name ist mir entfallen — der durch seine Theehäuser berühmt ist, allgemeinen Beifall. Der Weg dorthin führte über den Sumida-Fluß zurück, dann rechtsum durch ein großes belebtes Häuserquartier bis dahin, wo dieses sich in einzelne Landhäuser auflöst.

Den japanischen Gesang wird nicht leicht ein Europäer schön finden, ebensowenig den Tanz, aber das Ganze unterhält doch durch die Neuheit und Orginalität. Der Tanz wird durch Mädchen aufgeführt, die zunftmäßig nicht älter als 14 Jahr sein dürfen — also eigentlich Kinder. Nach Ueberschreitung dieser Altersgrenze müssen sie Guechas, d. h. Musikantinnen werden. Letztere übernehmen auch zugleich die Bedienung bei Tafel und es gehört zum guten Ton in einem vornehmen japanischen Hause, daß bei Festmahlen die Bedienung durch berühmte Guechas ausgeführt wird. Den Begriff, den der Europäer — auch ich that dies bis dahin — gewöhnlich mit der Bezeichnung „Guecha" verbindet, ist ganz falsch. Es kann sich ja jede Dame „Guecha" nennen, und das geschieht auch in den vier, den Europäern zugänglichen Hafenstädten. Zu meiner Zeit gab es hochgestellte Frauen in Tokio, die aus dem Stande der „Guecha" hervorgegangen und in der Gesellschaft wohl angesehen waren.

Es wurde uns ein Mahl servirt, das ich indeß, obwohl ich seit Mittag nichts genossen hatte und sehr hungrig war, nicht genießen konnte; es war zu spezifisch japanisch. Trotz alledem ging die Zeit schnell und lustig hin, namentlich waren unsere japanischen Begleiter Kamei, Mazugasaki und sein Stiefbruder 2c., ganz ungewöhnlich vergnügt und heiter.

Endlich mußten wir aber doch aufbrechen, es war schon sehr spät und ganz dunkel geworden. Auf mein Andrängen wurden die Jinrikishas bestellt; aber es währte doch noch eine ziemliche Weile, bis wir zum Einsteigen kamen. Immer noch ein neuer interessanter Tanz, immer noch eine Schale Saki 2c.

Alles muß aber einmal ein Ende nehmen. Ich kletterte die sauber polirte, schmale und sehr steile Treppe hinunter, suchte meine Stiefel, zog sie an und bestieg das vorderste Fuhrwerk — während die Freunde sich nach und nach in die nächsten placirten, dem Range nach, wie das in Japan so üblich ist. Aber immer wollte die Kavalkade nicht losgeben, das Band, welches die Gesellschaft umschlungen, wollte nicht so jäh abreißen: Die Japaner sind sehr höfliche Leute. Sinnige Anreden und „Blumen"*) wurden ausgetauscht. Händeschütteln und Küsse sind in Japan unbekannte Dinge.

Ich wurde in meiner engen Karre ungeduldig, das mußten die vier nackten braunen Burschen, die mich ziehen sollten, wohl merken. Sie setzten sich langsam in Bewegung, ich nickte dem meinen Beifall und darauf gingen sie in schnellste Gangart über.

Maja hatte mit den Leuten gesprochen und deshalb dachte ich, dieselben würden wohl wissen, wohin der Weg gehe; überdies nahm ich an, daß meine Begleiter uns bald einholen würden. So ließ ich die Karre gehen.

Es fiel mir auf, daß die Kurumas (so nennt man die Jinrikisha-Fahrer) am Ende des Dorfes links statt rechts herum bogen. Aber es führen ja alle Wege nach Rom, und ich konnte auch irren. Im Sturm ging es also weiter und mit solcher Entschiedenheit und Sicherheit, daß ich mich wieder tröstete: Die Leute werden wohl wissen, wohin es geht, und endlich werden mich die Anderen wohl einholen.

Ich dämmerte nun so dem Schlafe mich zuneigend eine Weile hin, dann kam mir plötzlich zum Bewußtsein: Die Anderen folgen ja nicht! Ich richte mich also auf, fasse den nächsten Kuruma am Gurt und sage: „Stopp!" — diesen Ausdruck versteht die ganze Welt; wir hielten. „Wo fahrt Ihr verfluchten Kerle hin, wißt Ihr auch, wo ich hingehöre? Zum Roukmeikwan!" Sie grinsten sich untereinander an, wischten sich mit der umgekehrten Hand den Schweiß von der Stirn und antworteten in einschmeichelndstem Tone: „Hei, Hei" — Na! Denn nur los, aber schlecht soll es Euch gehen, wenn Ihr mich falsch fahrt! Die letzten Worte hatten sie jedenfalls so aufgefaßt, als sei ich mit ihren bisherigen Leistungen unzufrieden. Sie setzten in verstärktem Lauf ein. Man glaubt garnicht, was ein Kuruma in dieser Beziehung leisten kann. Dabei schrieen sie fortwährend die Entgegenkommenden fürchterlich an und wiesen dieselben durch Schwenken ihrer Papierlaternen auf den Weg, den sie fahren sollten, damit sie selbst nicht in ihrem Laufe gehindert würden. Viele Menschen begegneten uns freilich nicht, und diejenigen, welche uns begegneten, waren dunkle Gestalten, welche Stoffe trugen oder fuhren, die sich schon von Ferne dem Geruchssinn bemerkbar machten. Tokio hat noch kein Schwemmkanalsystem. Wir befanden uns allmählig schon fast auf freiem Felde und es kam mir nunmehr klar zum Bewußtsein, daß der richtige Weg nicht eingeschlagen war. Aber was sollte ich thun? Hätte ich die Leute von der eingeschlagenen Route abgebracht und in eine von mir aufs Gerathewohl gewählte Richtung gelenkt, so würde ich das Unheil noch größer gemacht haben. Also: Schicksal nimm deinen Lauf.

Wir kamen auch wieder in bewohntere Gegenden, fuhren Berg auf und ab und passirten endlich einen freien Platz; dann standen wir am Anfang einer steil ansteigenden, breiten Straße; links gähnte ein tiefer Graben, darüber erhob sich aus cyklopischem Mauerwerk eine gewaltige Bastion. Das kann nur die Burg sein, schloß ich, aber ich wußte nicht, von welcher Seite wir uns derselben näherten.

*) „Blume" bedeutet in diesem Falle jede materielle Aufmerksamkeit, ein jedes in Papier gewickeltes Geldstück nicht ausgenommen.

Daß wir in der Irre waren, stand nun fest und ich machte meiner Beklemmung und meinem Unmuth durch ein — — Donnerwetter Luft. Die Leute hatten bei der Steilheit des Wegs ihren Lauf grade etwas gemäßigt; sie glaubten nun offenbar, daß ich darüber unwillig sei und hinauf flogen sie den Berg wie angeschossene Hasen.

Es war etwas heller geworden, ich konnte auf den braunen Leibern der Kurumas die Schweißtropfen herunterperlen sehen; bei der herrschenden Schwüle, vielleicht auch in Folge einer gewissen Beklemmung, fühlte ich mich selbst in Schweiß gebadet. Rechts erschien nun auf der Höhe ein Tempel aus sieben Etagen. Wäre ich je in dieser Gegend gewesen, so hätte ich mir diesen Bau eingeprägt, und ich würde gewußt haben, wo ich mich befand. Links erblickten wir noch immer hinter dem dunklen tiefen Graben den burgartigen Bau, auf der Höhe desselben jedoch einen mächtigen Pinienwald, der mich wieder irre machte.

Endlich ging es über einen tiefen Graben, dann einen mit Hecken eingefaßten Weg entlang, zu dessen beiden Seiten Landhäuser standen. Vor dem größten derselben, welches zur Linken tief im Hintergrunde eines Gartens lag, vor einem großen Portale hielten nun meine Renner und sahen mich vergnügt an, als wenn sie sagen wollten: Haben wir unsere Sache nicht gut gemacht und ein großes Trinkgeld verdient? Ihr glaubt also, daß ist der Naukmeikwan, Ihr Esel? „Hei, Hei!" Da stand ich nun, es mochte 3 Uhr Nachts sein. Im Hause war kein Licht, sonst hätte ich vielleicht die Klingel gezogen. Um mich zurecht finden zu können, hegte ich nur die einzige Hoffnung: einem Europäer zu begegnen, welcher der japanischen Sprache mächtig. Sollte ich das Haus alarmiren, welches vielleicht das Besitzthum eines japanischen Großen war — später stellte ich fest, daß ich mich vor dem Palais der russischen Gesandtschaft befand — und dann doch vielleicht nicht zum Ziele kommen? Nein, ich beschloß es anders, ich stieg aus und wandte mich rückwärts auf die große Mauer zu, den Leuten überlassend, mir zu folgen. War diese Mauer ein Theil einer Burg, so mußte ich den Hibyia, d. h. den großen Platz finden, an dem mein Quartier lag, wenn ich der Umwallung folgte. Allerdings hat diese eine Länge von etwa einer deutschen Meile. Von links her war ich gekommen. Es hat mir von je her widerstanden, denselben Weg zurückzugeben — also nahm ich die Richtung rechts. Der breite Weg führte bergan und kam mir sehr lang vor; aber ich gewann die Ueberzeugung, daß es der rechte sei, denn ich kam an eine Brücke, die über den Graben führte, und dahinter thürmten sich mächtige Thorbauten auf. Es war also wirklich die Burg! Nun ging es bergab und bald darauf erhob sich rechts hoch über dem Wege ein großer weißer in europäischem Stile ausgeführter Bau, welcher nur das Kriegsministerium sein konnte; denn ich wußte, daß dies der einzige derartige Bau in Tokio war. Ich war also sicher, daß ich mich auf dem rechten Wege befand. Das belebte meine Schritte. Auf dem ganzen Wege war uns kein menschliches Wesen begegnet, nur große Nachteulen huschten uns zuweilen um die Ohren. Endlich sah ich eine bunte Papierlaterne, bei der doch auch ein Mensch sein mußte, aus der Tiefe auftauchen. Richtig, es war einer, aber ein brauner, nackter, mit dem ich mich natürlich nicht verständigen konnte. Doch aus der Freude, mit der er mich begrüßte, und aus dem eifrigen Gespräch, in das er sich sogleich mit meinen Begleitern einließ, merkte ich sofort, daß derselbe mein rettender Engel war, von meinen Freunden ausgesandt, mich aufzusuchen.

Nach einer weiteren halben Stunde hatte ich denn auch auf dem weiten Platze vor dem Roukmeikwan die Herren gefunden; da standen sie mit verlegenen Gesichtern im fahlen Licht des eben dämmernden Tages. Ich hatte mir auf dem ganzen Wege überlegt, wie ich mich mit M. auseinandersetzen und ihm tüchtig meine Meinung sagen würde; nun fiel mir mit einem Mal ein, daß ich ja selbst das Zeichen zum verfrühten Aufbruch, wenn auch nur in sehr unbestimmter Form gegeben und meine Freunde fast gezwungen hatte, unhöflichen Abschied von den schönen, freundlichen, höflichen Guechas zu nehmen.

Also fort war mein Zorn und groß die Freude des Wiedersehens. Künftig wollen wir alle vorsichtiger sein.

Erläuterungen zu den Bildtafeln.

Die Photographien, nach welchen die beigegebenen Photogravüren gefertigt sind, wurden vom Verfasser fast ausschließlich erworben, nachdem der betreffende Theil des Tagebuchs längst geschrieben und abgesandt war, weshalb in demselben nur selten Bezug auf die Bilder genommen werden konnte. Es dürfte daher angebracht sein, verschiedenen der Tafeln einige Worte erläuternden Textes folgen zu lassen.

Tafel I.

Kandy.

„Eingang zum Tempel."

Der Tempel in Kandy stammt aus dem vierten Jahrhundert n. Chr. Er wurde erbaut, als ein Zahn Buddhas und andere Reliquien erworben worden waren und angemessene Unterkunft erforderten. Jener Zahn hat nun vielfache Schicksale erfahren, bis er im Jahre 1560 von den Portugiesen weggenommen und in Goa öffentlich verbrannt wurde. Ein frommer Hindu fertigte darauf einen neuen Zahn aus Elfenbein an, der noch heute in diesem Tempel verehrt wird. Derselbe ist zwei Zoll lang und einen Zoll stark.

Mit dem Tempel ist, wie gewöhnlich, ein Kloster verbunden, welches früher zeitweise die Fürstenfamilie beherbergte.

Die Elephanten auf dem Sockel deuten nicht etwa die Wächter für den Eingang an. Der Elephant wird von den Hindus als Sinnbild der Klugheit angesehen; der Gott der Wissenschaften, Ganesch oder Ganescha, wird mit einem Elephantenkopf dargestellt.

Tafel II.

Madura.

„Vom großen Tempel."

Die hier gegebene Ansicht stellt einen Theil jener großen Tempelanlage dar, welche, ein Geviert von 729 zu 847 engl. Fuß umfassend, in der ersten Hälfte des 17. Jahrhunderts von Tirumala Naval erbaut worden ist und in ihrer Detail-Ausführung als die beste des südlichen Indiens gilt.

Unser Bild zeigt nicht etwa den Tempel selbst, sondern nur den Hauptbau, einen Thorwegbau (Gopura) in der äußeren Umfassung; derselbe hat die Höhe von 152 Fuß. Derartige Bauten sind im Ganzen 9 vorhanden, von denen einer der im Vordergrunde und links sichtbare Portalbau ist.

Das Bild zeigt auch, wie die Krämer sich die Anlage zu Nutze gemacht haben, und so ist auch das ganze weitläufige Innere der großartigen Hofanlagen wie eine große Markthalle anzuschauen.

Tafel III.

Madura.

„Portal zu einem Tempelhof."

Dies Detail ist mitgetheilt als characteristisch für die häufig groteske Auffassung der architektonischen Aufgaben und für den niedrigen Stand der Bildhauerkunst, sobald es sich um Wiedergabe von Mensch- und Thiergestalten handelt. Nur der Elephant ist zuweilen in der Darstellung gelungen.

Tafel IV.

Madura.

„Der ewige Baum Baniane."

Hier ist besser als auf Tafel VIII. die Natur dieses interessanten Baumes zu erkennen. Vermittelst einer Lupe, deren Gebrauch bei den aus großen Photographien verkleinerten Photogravüren überhaupt zu empfehlen ist, erkennt man, daß die zu Stämmen gewordenen Luftwurzeln etwa in Augenhöhe mit fortlaufenden Nummern versehen sind.

Tafel V.

Trichinopoly.

„Der heilige Fels."

Granit- oder Porphyr-Felsen, wie der hier dargestellte, ragen namentlich im südlichen Indien häufig unvermittelt und in phantastischen Formen aus der Ebene hervor. Die tigerartige Zeichnung des Felsens ist, soviel zu beurtheilen war, durch heruntergeflossenen Vogelschmutz entstanden. In der Straße ist links ein Mann der höheren Klassen in der landesüblichen Tracht, daneben ein in englischen Diensten stehender eingeborener Polizeibeamter sichtbar.

Tafel VI.

Madras.

„Botanischer Garten. Victoria regia."

Das Bild zeigt, wozu diese Pflanze unter Umständen gebraucht werden kann.

Tafel VII.

„Die Felsengebilde bei Mahabalipur.“

Aus dem Felsen geschnittene Bauten findet man über ganz Indien zerstreut. Zu unterscheiden sind solche, die oberirdisch zu Tage treten, und solche, die unterirdisch aus dem Felsen ausgehöhlt sind.

Von ersterer Art giebt Tafel V., von letzterer Tafel XVIII. und der zugehörige Grundriß auf Seite 64 ein Beispiel. Es waren keineswegs immer zu Tage tretende Felsen, welche zu der Mühsal der Bearbeitung herausforderten; man findet solche Bauten in ebenen Gegenden in künstlich ausgetieften Schluchten. Als Spielereien oder Erzeugnisse der Schwärmerei sind beide Arten, namentlich die erstere, zu betrachten; der Effect wäre auf dem Wege der gewöhnlichen Construction unendlich leichter zu erreichen gewesen, und daß es mit der Dauer oder Unzerstörbarkeit dieser Schöpfungen seine Grenzen hat, zeigt der gegenwärtige Zustand der meisten derselben. Der Zweck der Anlagen war ein verschiedener, sie haben als Klöster, Tempel oder Wallfahrtsorte gedient.

Die mitgetheilte Anlage auf Elephanta (Tafel XVIII.) diente im Wesentlichen dem letzteren Zwecke und ist vom architektonischen Standpunkt als eine der rationellsten und schönsten anzusehen.

Tafel VIII.

„Unter der Baniane im botanischen Garten zu Calcutta.“

Die Größe dieses Baumes ist nach dem Vergleich mit den links neben dem Hauptstamme stehenden beiden Figuren, einer Dame mit ihrer eingeborenen Dienerin, zu beurtheilen. Das dem Baum eigene Laub tritt kaum in die Erscheinung. Links umklammern großblättrige Schlingpflanzen die Luftwurzeln, in der Mitte und rechts entwachsen den mächtigen Aesten schilfartige Schmarotzerpflanzen.

Tafel IX.

„Simalaya, von Darjeeling aus gesehen.“

Von einem oberhalb Darjeeling gelegenen Hügel ist diese Ansicht aufgenommen. Der Beschauer steht südlich vom Gebirge. Links im Vordergrunde sieht man noch einige zerstreut liegende Häuser jener Ortschaft.

Der höchste Gipfel der Schneegebirgskette, soweit sie auf dem Bilde sichtbar, ist der 28156 Fuß hohe Kinchinganga. Derselbe liegt, in der Luftlinie gemessen, noch etwa 40 englische Meilen entfernt. Auf der linken Seite endet die auf dem Bilde nicht mehr sichtbare Gebirgskette mit dem 29002 Fuß hohen Gaurisankar, der nach einem Ingenieur, der seine Höhe bestimmte, auch Everest genannt wird; der Berg präsentirt sich dem Auge als energisch gebildeter Zahn, ähnlich dem Matterhorn.

Die im Halbdunkel liegenden Vorgebirge gehören dem Reiche Sikkim an. Dieselben sind fast gänzlich wegelos und nur sehr dünn bevölkert.

Tafel X.

Benares.

„Ufer des Ganges. — Verbrennungsplatz."

Der hier dargestellte Verbrennungsplatz ist der auf Seite 39) beschriebene. Links ist der Mauerklotz, auf dem die Priester und die Anverwandten dem Todten die letzte Ehre erweisen, rechts der die Terrasse, auf der das heilige Feuer brennt. Links im Vordergrunde hockt der Sohn bei der Leiche seines Vaters oder seiner Mutter, die eben gewaschen werden soll; darüber ist ein Scheiterhaufen zum An- zünden fertig. Rechts davon ist soeben ein ausgebrannter Scheiterhaufen in's Wasser geschoben worden.

Tafel XI.

Benares.

„Im Hofe eines Jain-Tempels."

Dieser Tempel gilt als ein besonderes Heiligthum; wir durften denselben nicht betreten, sondern mußten uns mit einem kurzen Aufenthalte auf der Treppe links begnügen. Mehrere heilig gehaltenen Kühe ergingen sich im Hofe. Die Architektur ist nicht bedeutend, der rechts im Hintergrunde erscheinende Bau ist mohamedanischen Ursprungs.

Das Bild ist gewählt, um zu zeigen, wie malerisch oft die Bewohner in ihren den antiken griechischen Gewändern ähnlichen Kostümen erscheinen.

Tafel XII.

Lucknow.

„Mausoleum mit Gartenanlage."

Das Bild zeigt im Vordergrund einen öffentlichen Garten, an dem links ein Mausoleum, rechts eine kleinere Moschee liegt. Die Bronce-Figuren und Statuen dürfen als Ausnahmen in einer solchen Anlage gelten und danken ihre Auf- stellung wohl dem Zufall und dem englischen Einfluß. Sämmtliche Bauten sind in Stuck ausgeführt. Dies Bild giebt eine Vorstellung von der malerischen Ge- sammtwirkung mohamedanisch-indischer Bauten in landschaftlicher Umgebung.

Tafel XIII.

Agra.

„Taj Mahal."

Tritt man unter das mächtige Hauptportal der Bauanlage, welche auf Seite 46 ff. beschrieben ist, so erscheint der Mittelbau, das eigentliche Mausoleum der Mumtaz Mahal, so, wie auf dieser Tafel dargestellt. Die vier an den Seiten befindlichen Minarets bezeichnen die Ecken eines quadratischen massiven Unterbaues von etwa 2 m Höhe. Von den einrahmenden Bauten sieht man sonst nichts. Man besucht diese Anlage mit Vorliebe beim Mondenschein, weshalb der Ton des Bildes entsprechend gewählt wurde.

Tafel XIV.

Delhi.

„Die Moschee im Fort."

Diese Moschee, wegen ihrer perlweißen Farbe auch Perlenmoschee genannt, ist eins der glänzendsten Bauwerke der indisch-maurischen Baukunst. Sie ist in edlen Verhältnissen, in der feinsten Technik ausgeführt und nicht mit Ornament überladen. Im Mittelfelde im Hintergrunde gewahrt man den erhöhten Sitz für den Koranleser. Der Fußboden ist, was sich auf dem Bilde nicht erkennen läßt, in längliche Felder eingetheilt, deren jedes einen Betteppich darstellt und für einen Beter bestimmt ist, die alle ihr Gesicht der Hinterwand, dem Osten, zukehren.

Tafel XV.

Delhi.

„Jumma-Moschee."

Eine der vollständigsten und besten Moschee-Anlagen ist die zu Delhi. Die dunkler erscheinenden Architekturtheile sind in rothem, die im Hintergrunde erscheinende eigentliche Moschee und die Kuppeln in weißem Marmor ausgeführt. Drei fast gleiche Thorbauten mit breiten Freitreppen sind durch Hallen verbunden und schließen den großen Hof vor der Moschee ein. Letztere ist außerdem von zwei mächtigen Minarets flankirt.

Nach dem Militairaufstand wurden die Häuser zwischen der Moschee und dem Fort rasirt, dadurch ist der große Platz im Vordergrunde entstanden. Die Hinterfront stößt unmittelbar an das Häusergewirr der Stadt.

Tafel XVI.

„Aus den Ruinen des alten Delhi."

Dieselben befinden sich nahe dem Kutab Minar, etwa 12 Meilen vom heutigen Delhi entfernt, und sind Theile einer Halle, welche einen Hindu-Tempelhof umfaßten. Sie zeigen die Jain-Architektur in ihrer schönsten Blüthe und danken ihre Erhaltung dem Umstande, daß sie als Hallen zu einer Moschee, welche die mohamedanischen Eroberer an dieser Stelle zu bauen begannen, zugezogen wurden. Die etwa 4 ᵐ breiten Gänge sind horizontal, mit großen Platten abgedeckt. Wo in den Kreuzungen größere Räume bis zu 7 ᵐ geschaffen wurden, geschah die Ueberdeckung vermittelst eines Systems von Diagonal-Ueberkragung, wodurch eine Art Kuppel entstand. Alle bildlichen Darstellungen, wie Masken, Figuren ꝛc. sind von den Mohamedanern abgehauen. Das Zeichen der Anhänger der Jain-Religion, der Beutel an einer Schnur, ist hingegen unverletzt geblieben. Das Material ist ein rother Sandstein, ganz ähnlich dem in Deutschland am Neckar gewonnenen.

Tafel XVII.

Amber.

„Das Königsschloß."

Dieses erhebt sich im Mittelgrunde oberhalb des Sees und ist weiter überragt durch ein Festungswerk, an welches sich die große Umfassung der ehemaligen
alten Stadt schließt. Ein Theil der Truppen liegt noch heute in jenem Kastell.
Der See im Vordergrunde ist durch künstliche Stauung entstanden.

Tafel XVIII.

„Elephanta."

(Hierzu Grundriß auf S. 64, vergl. Erklärung zu Tafel VII. (Mahabalipur).

Tafel XIX.

„Typen aus Indien."

Fig. 1. Exemplare dieser Waldbewohner in ihrer Heimath zu sehen, hat der
Reisende wohl weniger Gelegenheit. In den großen Küstenstädten, namentlich
in Bombay, finden sich dieselben zuweilen; sie werden mit den niedrigsten Arbeiten beschäftigt und fallen durch ihr wildes Haar, wie durch ihre finstere
mürrische Physiognomie auf.

Fig. 2 zeigt außer dem interessanten kleidsamen Kopfschmuck der Mädchen
von der Malabar-Küste die häßlichen Nasenringe, welche die Mädchen und
Frauen der höheren Klassen fast in ganz Indien entstellen.

Fig. 3 und 4 zeigen, wie die Kinder in Indien bis in ein vorgeschrittenes
Alter getragen werden.

Fig. 5 zeigt einen Bezirkschef auf Ceylon, dessen abenteuerliche, allem Natio-
nalen hohnsprechende Tracht wahrscheinlich unter der portugiesischen Herrschaft
entstanden ist.

„Ein Hindu, Palmöl zapfend," zeigt, wie die hohen schlanken Palmen erstiegen
werden. Mit unglaublicher Schnelligkeit rutscht der Mann den Stamm hinauf
und herunter, abwechselnd das Lendenseil und die zusammengekoppelten Füße
vorwärts bewegend.

Hofbuchdruckerei von Wilhelm Greve, Berlin SW.